熊野概論

熊野、魂の系譜 II

Taniguchi Tomoyuki
谷口智行

書肆アルス

熊野概論
——熊野、魂の系譜Ⅱ——

目次

Ⅲ　人物的見地から　157

Ⅳ　文化・風俗的見地から　209

Ⅴ　土俗的見地から　267

装画　藤岡祐二
装幀　間村俊一

I

宗教的見地から

神仏習合と廃仏毀釈——熊野の神々はどこに行ったか

はじめに

今日でこそ神様は神社に、仏様は寺院に祀られているが、明治元年（一八六八）に明治政府が「神仏分離令」を公布し、神社の中から仏教的色彩を排除するまで両者の区別は必ずしも明確ではなかった。そういった宗教形態を「神仏習合」、または「神仏混淆《こんこう》」という。

神仏習合とは日本固有の神祇《じんぎ》信仰と仏教が混じり合い、独特の行法・儀礼・教義を生み出した一つの宗教現象である。「神祇」とは天神と地祇、すなわち天つ神と国つ神を併せた言葉、「習合」とは異なった文化や宗教が交流する現象のことであるが、わが国における神仏習合は天台宗と真言宗の有力寺院の主導とされている。

中国においても仏教と道教が習合して寺院に神が祀られていたり、道観（道教の寺院）に仏が祀られたりした例もある。

最初に断っておきたいことは、日本固有の信仰である「神道」という呼び方は大陸から伝来した「仏教」との対比によって使い始められたものであって、元々それ自体、祖先崇拝・自然崇拝・霊魂崇拝（アニミズム）などによって表現される信仰の複合体であった。

森を例に挙げれば、もともと森そのものが神社のようなものであった。神は注連縄《しめなわ》の張ってある御神木に時々降りて来てくれたし、森の木々だけではなくそこに棲む動物もまた神として人々を護ってくれたという考え方である。

一・神道と仏教

仏教公伝《こうでん》の年は「五三八年説」と「五五二年説」があるが明確ではない。私的な信仰としては、おそらくもっとはるか以前に仏教は伝来していたと考えられている。

日本中の山々には山岳修行者、聖、優婆塞《うばそく》（在俗の男子の仏教信者）らが存在し、彼らは半僧半俗の私度僧《しどそう》（定められた官許を受けることなく出家した僧尼）としてそれぞれ独自のやり方で修業を続けきた。

例えば、阿蘇の火山信仰の場として阿蘇カルデラの外縁には古房中《ふるぼうちゅう》、すなわち僧侶や山岳修行者が居住する所があった。中国二十四史の一つ、『隋書倭国伝』（六三六年）には、三十七房中と五十一庵が立ち並ぶ阿蘇一大霊場について記されている。

当時の聖や優婆塞の宗教精神とはどういったものであったか。奈良期以降に整序・教義化・教団化され、成熟した仏教と比較すれば、確かにそれは呪術的要素を多く含む自然信仰であったかもしれない。しかし彼らの精神は極めて純粋な信仰と実践の中で培われてきた。山中に他界を、海彼《かいひ》に常世を幻視する山岳信仰、海洋信仰がその底流にあり、これらに裏打ちされた独自の原始的情念であったと思われる。

文書の上で「神道」という言葉が初めて用いられたのは、『日本書紀』の用明天皇（＝聖徳太子の父）の条《くだり》に「信仏法、尊神道」（「仏教を信仰し、神道を尊ぶ」）という記述である。大陸から渡来した仏教に対して、それまでの自分たちの信仰に独自の名前を付ける必要性が生じ、その対比語として「神道」という語が選ばれたと、「神社オンラインネットワーク」などでは説明している。

律令制国家が整備される過程で、神道は大和朝廷の祭儀などにおいて大陸伝来の思想「仏教」からの影響を受けながら確立されて行く。日本固有の思想でありながらも独自の思想に凝り固まることなく、外国の思想を受け入れる寛容さを持ち合わせていた。

六世紀には大陸から多くの渡来人が日本の地を踏み、これにより夥しい知識や技術が日本に齎《もたら》された。言うまでもなく仏教もその一つであったが、『日本書紀』に「是《こ》の法《みのり》は諸の法の中に、最も殊勝《すぐ》れている」との仏教に対する記述が見られ、欽明天皇もまた仏教を激賞していたことが窺える。

ところが臣下たちの間では評価が二分する。

渡来人と交流の厚かった蘇我稲目《そがのいなめ》（?—五七〇）は仏教受容を唱えた。「日本は仏教を積極的に取り入れるべし。西の国々はどこも仏教を敬っているのに、なぜ日本だけがこれに背く理由があろう」というわけである。

それに対し、地方豪族出身の物部尾輿《もののべのおこし》（生没年不詳、六世紀半ば）は「我らの帝が天下を治めているのは八百万の神々を祀っているからだ。今これを改めて異国の神を拝することになれば、日本の神々の怒りを買うだろう」と反論する。

この対立はその後三代（約五十年間）に渡って続き、その間仏教はいくたびかの迫害を受けた。日本の地で仏教が本格的に栄えるのはこれに続く聖徳太子（五七四―六二二）の時代からで、律令制国家制定時には国家の保護を受けながら広められてゆく。

初めのうちは神道と仏教の関係は「神が仏法を擁護する」という形で神道を優位とするものであった。しかし八世紀末になると、神自身が仏法によって神身離脱を願う（神自身が仏教徒になりたがっている）という思想が現れ、状況が変わって来る。当時の疫病流行、穀物不作という現実を前に、これは仏道に入り得ない神の祟りではないかという考えが民衆の間に広まったことが背景にある。これは後述する「本地垂迹説《ほんじすいじやく》」の原型と言える。

奈良時代中期、国内では大地震や疫病の流行、飢饉、貴族の反乱などの災いが続いて社会不安が高まっており、時の聖武天皇（七〇一―七五六）が救いを求めたのも、やはり仏教であった。仏法によって国を守護するといういわゆる「鎮護国家」である。

聖武天皇は全国に国分寺や国分尼寺、奈良には東大寺を建立して大仏を安置した。またこの頃は平城遷都（七一〇）から二十年以上が過ぎており、唐から伝来の仏教のみならず官僚政治や先進文化を吸収すべく国は動いていた。それを象徴するのが、吉備真備《きびのまきび》（六九五―七七五）、玄昉《げんぼう》（?―七四六）ら救国の志士・遣唐使であった。

天平勝宝五年末（七五三）、吉備真備が唐からの帰途、海上で遭難、熊野の牟漏崎《むろざき》に漂着した。現在の和歌山県那智勝浦町太地灯明崎《とうみょうざき》である。真備は漂着後しばらく熊野に滞在して帰京したが、真備一族の与呂子《よろこ》右衛門がこの地に残り太地を拓いたと伝えられている。

また聖武天皇が東大寺大仏（盧舎那仏《るしゃなぶつ》）を造立するに当たって橘諸兄《たちばなのもろえ》（六八四―七五七）や行基《ぎょうき》（六六八―七四九）を伊勢神宮に遣わし、その成就を祈らせた。その結果、天照大神（アマテラス）と盧舎那仏（大日如来）は同体であるとの夢告を受け、ここから朝廷は政策的立場として「神仏同体」「神仏習合」の思想を全面的に打ち出すことになった。

これが日本の「本地垂迹説」の始まりであるが、当時この思想はまだ民間を含めた一般的な思潮とはならなかった。

二　神仏習合

六世紀に伝来した仏教が普及していく過程で、次第に神道との融和が図られるようになる。その先駆けは奈良時代の役行者《えんのぎょうじゃ》を開祖とする「修験道」である。役小角《えんのおづぬ》、役《えん》の優婆塞《うばそく》とも称される。

修験道を一口で言えば、森羅万象に生命や神霊が宿るとするアニミズムと日本古来の山岳信仰とが習合し、さらに中国の陰陽道《おんみょうどう》、道教とも結びついたものである。また自然との一体化による即身成仏を重視する日本独自の宗教、いわゆる「日本仏教」の一派と言える。

伝承によれば、役小角は舒明《じょめい》六年（六三四）に大和国葛城上群茅原《ちはら》（現奈良県御所市茅原）で生まれた謎の宗教者である。十七歳で興福寺にて孔雀明王の呪法を学び、葛城山や熊野・大峯山で修業を行った。

山岳信仰を確立した役小角は吉野金峯山《きんぷせん》で金剛蔵王権現を感得、修験道の根本寺院とされる金峯山寺の本尊・蔵王権現として信仰されるに至り、これにより大峯山から熊野三山にかけての山岳地帯は修験者の霊地・聖地となった。「神変大菩薩《じんべん》」の称号を持つ。

役小角は文武天皇三年（六九九）に伊豆に配流されるが、大宝元年（七〇一）、大赦により郷里茅原に戻った。同年六月七日、摂津国箕面（大阪府箕面市）の天上ヶ岳で入寂。享年六十八。

平安時代に入って、最澄（天台宗）や空海（真言宗）らの出現により仏教宗派が出来、山岳信仰や各地の神社との融合の中、神道と仏教の共存のあり方、すなわち「本地垂迹説」が生まれた。

本体である仏や菩薩が「本地」、それらが仮に神となって現われることを「垂迹」という。「神仏習合」という概念の、いわゆる理論づけと考えてよい。神道が仏教に一歩歩み寄り、仏教も神道に融和、互いに化身・裏表の権化として、公家から庶民まで広く浸透して行った。つまり、神の本体は仏であるという考えの下、日本各地に祀られている神々は仏教の仏たちが人々を救うために仮の姿で現われたもの（＝権化・権現）と説かれたのである。こうした考えは平安中期頃から流布し始め、中世には概ね日本人の感覚として定着した。

本地垂迹説を神社側の視点に立って言えば、神々はそのままでは俗世に姿を現すことができないので、仮に仏の姿に変えて現れ、衆生の苦しみや病を癒してくれるものとし、仏教の菩薩号を神名につけて「八幡大菩薩」と唱え、神仏の融合調和をはかることも行われた。

この「八幡神《はちまんじん》」は応神天皇を神霊とする弓矢・武道の日本の神であり、「菩薩」はもともと高僧を意味する仏教用語である。それらが神仏習合によって、日本の神の尊号としての「八幡大菩薩」となった。

七八一年、朝廷は鎮護国家、仏教守護の神として宇佐八幡宮に「八幡菩薩」の称号を贈り、後に本地垂迹において「阿弥陀如来」が八幡神の本地仏とした。

日本最古の「経塚」は藤原道長の造営した「金峯山経塚」（金峯山寺蔵王堂付近）とされるが、時の権力者・道長は自筆の十五巻の経巻を銅の筐に収め埋経した。また貴族・藤原頼長や師通《もろみち》らも峻険で至難の所へ登頂して身を清め、邪心を払い、霊峰や蔵王権現に救いを求めた。（本書「熊野の経塚」参照）

新宮の阿須賀神社背後の蓬莱山《ほうらいさん》からは、平安末期から室町時代にかけての「御正体《みしょうたい》（懸仏《かけぼとけ》）」が二百点以上発見されている。本尊は熊野十二所権現の本地仏が表現され、その半数近くは阿須賀神社の本地仏・大威徳明王《だいいとくみょうおう》である。

大威徳明王は阿弥陀如来、あるいは文殊菩薩の化身である。水牛に乗り六つの顔と手と足、特に足が三本以上あるのが特徴で、名の通り威厳と仁徳が備わり、毒蛇や悪竜を打ち倒す。チベット伝説によれば、文殊菩薩が水牛の顔をした悪鬼を退治するために、自身も同じ姿になって戦ったという。

神仏習合が形として現れたのが、神社と寺院とが共生する「神宮寺」である。霊亀《れいき》年間（七一五―七一七）の越前国氣比《けひ》神宮寺や、養老年間（七一七―七二四）の若狭国若狭彦神宮寺の建立はその先駆けとされる。

神宮寺は基本的には僧侶が神社を取り仕切り、神人や信者を取り込んで寺院経営に寄与するものだが、神社と寺院のどちらがその運営の主体か従属かは一律ではなく、相方は互助関係にあった。尚、神宮寺は檀家を持たなかった。

大きな神社の境内には、神社を管理するために多くの堂塔が配置されたが、神社が主導して寺院が従属の例もあれば、日光東照宮のように大社であっても輪王寺の僧侶が把握管理する例もあった。神社抜きでの神宮寺は成り立たず、また各地の鎮守社は寺院の存在無しでは成り立たなかった。

各地の神宮寺の一部を列記する。

稲敷市の神宮寺。船橋市の神宮寺。白井市の神宮寺。香取郡神崎の神宮寺。上越市の神宮寺。十日町市の神宮寺。長野県松本市の神宮寺の二寺院。松本市の須々岐水神社の神宮寺。佐久市の神宮寺。軽井沢町の神宮寺。湖西市の神宮寺。小浜市の若狭神宮寺。豊橋市の神宮寺。鈴鹿市の神宮寺。松阪市の神宮寺。三重県多気町の神宮寺。宮津市籠神社の神宮寺の成相寺。長浜市長濱神宮の舎那院。泉佐野市日根神社の神宮寺の慈眼院。奈良市の興福寺。奈良県桜井市の平等寺。出雲市日御碕神社の神宮寺。尾道市の神宮寺。阿南市の神宮寺。大町町の神宮寺。

＊

元より熊野三山を聖地とする熊野信仰は自然崇拝がその基層にあった。この自然崇拝は熊野三山信仰成立以前から今日まで連綿として息づいてきた。その信仰形態は神社神道でもなく、仏像を表象とする仏教でもない極めて純朴なもので、宗教とも言えない初源的な信仰であった。その一つの象徴としての姿が社殿を持たない社に見られる。

そしてまた熊野の神々は、元々そこに住む地主神《ぢぬしのかみ》、産土神《うぶすな》の集合体であった。そこに神道、仏教、修験道などの影響が長い年月の中で積み重ねられた。熊野三山は古来より山岳修行者たちが集う聖域であり、本項冒頭で述べたように、仏教伝来よりはるか以前からそこには多くの宗教者たちが存在していた。

地主神は「ぢぬしのかみ」「ぢしゅのかみ」と称し、神道における神の一類型である。文字通りその土地を守護する神であるが、熊野における一例を挙げるとすれば、やはり「丹敷戸畔《にしきとべ》」ということになる。補陀落渡海《ふだらくとかい》は那智の「浜之宮」（補陀洛山寺）から海彼を目指したが、この地にある「浜の宮」の地主神が丹敷戸畔である。石祠もこの宮の片隅に建てられている。

丹敷戸畔は朝廷に服《まつろ》わぬがゆえに罪穢れを烙印された先住民の女酋《じょしゅう》とされ、神武東征の際に誅殺された。熊野の人々は丹敷戸畔という土着神の怨念を常世波によって浄化・鎮魂するとともに、その荒ぶる神の霊力をもって熊野の守り神としたのである。

熊野における神仏習合の時期は早かった。十二世紀前半には三所権現の本地仏を、本宮は阿弥陀仏、新宮は薬師如来、那智は千手観音とし、それぞれ家津御子《けつみこ》神、速玉神、夫須美《ふすみ》神（＝結神）が仮の姿をとって現れたものと考えるようになった。

各種縁起によれば、熊野権現は中国の天台山から新宮の地に天降ったとされ、その際、九州の英彦山《ひこさん》、四国の石鎚山、淡路島の諭鶴羽山《ゆづるはさん》、紀州の切目山、新宮の神倉山に立ち寄ったとされる。

また熊野本宮の縁起を記した『熊野権現垂迹縁起』によれば、狩人が大猪を射て、後を追うと、大猪は河を渡り、大斎原《おおゆのはら》のイチイの木のもとで斃《たお》れた。その肉を食べた狩人の前に熊野権現が三枚の月となってイチイの梢に宿り、「我を熊野権現とぞ申す。一社を証誠《しょうじょう》大菩薩と申す。今二枚の月をば両所権現となむ」と語った。感激した狩人はイチイの木の下に柴の枝を折って宝殿を作った。それが熊野権現の始まりという。

もともと狩猟社会の祭祀形態が血の滴る動物を神へ捧げるものという意味で、熊野信仰の根っ子はこうした「狩猟原理」に立脚していたことが分かる。

さらに後年、これらの主神を記紀神話と結びつけて、家津御子神をスサノオ、速玉神をイザナギ、夫須美神をイザナミの別名であるとした。但しこうした同定は古来からのものではなく、江戸時代の終わり頃に出てきた新しい説とされている。

余談だが、「七福神」は古代信仰に色々なものが混じり合い、近世になって福徳財宝を増やすといった民間信仰に結びついたものである。よって七福神詣は、神の要素と仏の要素とを合わせ持っているため、幾つかの神社と数ヶ所の寺院とを巡る形をとっている。

東京で馴染み深い隅田川七福神では、恵比寿、大黒天、寿老神（寿老人）が神社で、毘沙門天、布袋、弁財天が寺院に祀られている。恵比寿、大黒天は本来神道、毘沙門天はインド神話の中から、布袋は中国唐代の禅宗、寿老神は中国宋代の人である。

*

さて、熊野三山の那智大社は那智の滝が神霊である。ここに「十三所権現」が祀られているが、那智山権現として西国三十三所一番札所「青岸渡寺《せいがんとじ》」がある。青岸渡寺は観音巡礼の寺であり、那智大社の「神宮寺」である。

那智大社は祭神・熊野夫須美大神（イザナミ）が勧請され、上四社、中四社、下四社に神々と仏の習合した本地垂迹の化身が一体と成している。熊野速玉大社もまた、「熊野速玉大神」（イザナギ）を祭神として、上四社、中四社、下四社にそれぞれ神々と仏が表裏一体を成して祀られている。

社殿の祭神、本地仏は下記の通りである。

上四社

熊野夫須美《ふすみ》大神＝千手観音。
速玉之男《はやたまのお》神＝薬師如来。
家都美御子《けつみこ》大神＝阿弥陀如来。
天照大神《あまてらす》＝十一面観音。

中四社

忍穂耳《おしほみみ》命＝地蔵菩薩。
瓊瓊杵《ににき》命＝龍樹菩薩。
彦火火出見《ひこほほでみ》命＝如意輪観音。
鵜葺草葺不合《うがやふきあえず》命＝聖観音。

下四社

軻遇突智《かぐつち》命＝文殊菩薩。
埴山姫《はにやまひめ》命＝毘沙門天。
弥都波能売《みづはのめ》命＝不動明王。
稚産霊《わくむすひ》命＝釈迦如来。

三山成立後は徐々に神官や禰宜が存在しない組織的な仏教を主体に「社僧」（後述）が牛耳り、「熊野権現化」が進み、修験者の霊場となって行った。熊野三山を統括していたのは「三山僧綱《そうごう》」と呼ばれる職の者たちであった。やがて熊野三山信仰は公家、貴族の深い信仰によって拍車が掛かり、「伊勢に七度、熊野へ三度、愛宕さまへ月参り」（『東海道中膝栗毛』）と地口として謳われ、「蟻の熊野詣」と相成った。

「熊野比丘尼」について触れておく。

熊野比丘尼とは、熊野三山に明治初期まで存在していた「本願《ほんがん》」（本願所、本願寺院）に所属する僧形の女性たちのことである。新宮の本願の場合は新宮庵主《あんじゅ》で、別名「梅本庵主」と号し、熊野三山本願（新宮庵主、本宮庵主、那智の御前庵主）の法頭であった。なお梅本庵主という別称は、近江国飯道山《はんどうさん》修験の中軸であった梅本院が住職を兼務したことに基づく。つまり新宮本願は著しく修験色の強いものであったということだ。

比丘尼たちは熊野三山の社殿堂塔の建立・再興・修理等の資金を集めることを本務とし、これにより本願比丘尼、勧進《かんじん》比丘尼とも称された。勧進活動として諸国に赴き、歌念仏や「熊野牛王《ごおう》」（＝牛王法印、いわゆる護符のこと）の配布、「熊野参詣曼荼羅」「熊野観心十界図」「地獄極楽図」などの絵解きを行った。そのため絵解比丘尼とも呼ばれる。ここで言う「勧進」とは一種の宗教的経済活動であるが、春をひさいだ者もいたと伝えられている。

『比丘尼縁起』によれば、熊野比丘尼は釈尊の母・摩耶夫人《まやぶにん》の妹である喬曇弥《きょうどんみ》を始祖とし、日本においては聖徳太子時代の法信尼《ほうしんに》を比丘尼の始まりとする。その後、聖武天皇の后・光明皇后も出家して都藍《とらん》尼《に》と名乗り、都蘭尼の女房たちが伊勢、熊野に参詣した行業をもって比丘尼の名称を説く。

今日唯一女人禁制を敷く大峯山には、熊野へ続く極めの「奥駈《おくがけ》」がある。熊野への道は歩むごとに身を清め、神仏の一つ一つへの信仰を高め、三所権現や九十九王子、神仏習合の神々と仏に迎えられるというものであった。

神と仏の習合した本地垂迹の化身が一体と成したのが先述の上四社・中四社・下四社であるが、これらは取りも直さず、神域に融和した仏教が主導権を握り、諸国に熊野詣の組織網を作って本地垂迹を進めようとするものであった。

神々は仏の化身として扱い、神の威光や神罰を巧みに活用して「穢れ忌避」の考えを全国的に展開してゆくものであった。

熊野三山のこうした一切を管理するために置かれた神宮寺の一つが「別当寺」である。別当とは元々「別に執務する仕事があるが、兼務する」という意で、熊野において別当は江戸時代以前にすでに置かれていた。また神宮寺の僧侶たちが神前に経をあげることを「神前読経」と称し、神前読経や神社の祭祀は仏式で行い、その主催者は「社僧」と呼んだ。

本地垂迹説により、別当寺は神社の最高権力と看做され、宮司はその下の地位に置かれた。全国的にも戦前までは神社で般若心経を唱え、一般国民は拘りもなく寺社に祝詞《のりと》をあげ、読経の祈願をかけていた。

別当寺の置かれた背景には、「檀家制度」によって管理する「戸籍」を寺社領が保有していたことが挙げられる。別当寺はまた「一村に一別当寺」として通行手形の発行などにも関与した。

さて、新宮の丹鶴山《たんかく》（丹鶴城）一帯は熊野三山の一つである熊野速玉大社から阿須賀神社（阿須賀王子跡）への参詣道沿いに位置する。近世の編纂書『熊野年代記』によれば、平安時代、この付近に「熊野別当」が別邸を築き、平安時代末頃には別当屋敷が移されたとある。「別当屋敷」という町名は今も新宮に残されている。またその頃、丹鶴山の名称の由来となった丹鶴姫（鳥居《とりい》禅尼《ぜんに》）が「東仙寺」を建てたとの記録もあり、同じ頃にこの丹鶴山南麓に「香林寺」（宗応寺）があったとされる。

熊野三山の隆盛とともに、熊野の荘園（これを「熊野山領」ともいう）が全国に広がった。平安後期から鎌倉期には全国に百十七ヶ所が挙げられている。その広がりは太平洋の海上交通の発展によるものであったが、当然、荘園米などを運ぶための武装船団も発達した。これは熊野水軍存立の基盤である。またそれを襲う熊野海賊も横行した。

熊野別当二十二代行快《ぎょうかい》についてのこんな話がある。

三河国から熊野に米を運送中、伊良湖沿岸で海賊に遭遇するが、弓の名手で後の熊野別当・行快の働きで賊が退散したとされる。『古今著聞集《ここんちょもんじゅう》』巻十二「正上座行快海賊を射くること」に見られる説話である。この年貢米は熊野山領である三河国竹谷《たけや》・蒲形《がまがた》両荘のものであった。

この海賊、熊野の年貢米と知りながら略奪を試みており、行快も伊良湖近海に出没する海賊が熊野出身であると認識し、当初は手加減している。海賊も最初から熊野山の行快と名乗ってくれたらこんな失敗はしないのにと捨て台詞を吐いているところが面白い。

熊野速玉大社の運営には熊野別当や、先述の東仙寺・香林寺といった寺院が大きく関わっていたが、鎌倉時代を過ぎると熊野別当の勢力は衰退してゆく。これによって熊野三山の上位の役僧である宮崎氏が中心となって東仙寺を修理することとなり、新宮城の二ノ丸である現在の正明保育園辺りを居館とした。

戦国時代になると堀内氏が台頭し、戦国時代末には丹鶴城を築き、麓に城下町の形成を行った。新宮市街地には、新宮十郎行家屋敷跡（下熊野地付近）、新宮周防守《すおうのかみ》屋敷跡（本廣寺《ほんこうじ》付近）、堀内氏屋敷跡（全龍寺付近）といった、中世期にここを中心に活躍した有力者たちの屋敷跡が推定地として残されている。ちなみに、現存するこの全龍寺は筆者の菩提寺である。

熊野別当の支配した重要な地として、新宮の対岸・熊野川河口部に位置する鵜殿荘があった。第二十三代別当・範命《はんめい》の孫で権別当《ごんべつとう》となった長政《ちようせい》が初めて鵜殿氏を称している。長政の子・長真の兄に長存《ちようぞん》がいて、彼は京の貴族・吉田経俊《つねふさ》の熊野詣の御師《おし》（後述）を務めたとされる。『経俊卿記』によれば、長存は鵜殿法橋と名乗り、経俊の七度目の熊野詣に際し、本宮から下って来た一行を新宮の川湊で出迎えている。

ここまでを時代を追って整理しておく。

平安中期、延喜七年（九〇七）から始まる熊野御幸の先達を務めたのが修験者（＝山伏）である。そして平安時代中期から鎌倉後期にかけて熊野三山検校の支配を受けつつ、三山の政治・経済・軍事の実権を握り、地方在住の熊野山伏をも支配した熊野修験教団の事実上の統括者が「熊野別当」である。弘安七年（一二八四）に第二十一代別当・正湛が還俗（宮崎豊後と号した）した後、代って熊野一帯を支配したのが「熊野七上綱」であった。新宮（新・新屋）・芝・宮崎・滝本・矢倉（鵜殿）・中曾（中脇）・簑島の七氏である。

この熊野七上綱の一人が先述の新宮周防守・行栄である。行栄は新宮十郎行家の末裔で、元亀二年（一五七一）に下熊野地の屋敷から現在の本廣寺付近に移った。「新殿」とも称される。

天正年間（一五七三―一五九二）には、七上綱に代って堀内氏善《うじよし》が熊野地方を手中にし、行栄はこれに抗するも、天正十九年に滅ぼされた。

新宮城主・堀内氏善は熊野別当の末裔に当たり、紀州牟婁郡全域を統治した在地土豪である。天正九年（一五八一）、織田信長より当知行安堵の朱印状を受け、後に豊臣秀吉に仕え、安房守を名乗った。

＊

日本三大修験山は、熊野・英彦山《ひこさん》・出羽であるが、全国各地に次々と神仏習合の聖地が生まれて行った。以下、熊野以外のものについて記す。

英彦山では、天照大神から彦山権現に変化した。

四国一の霊峰は石鎚山である。西日本一の標高一九八二メートル、日本七霊山としても古くより知られ、役行者の強い影響を受けている。

世界遺産に登録された宮島は厳島《いつくしま》神社と弥山《みせん》の水精寺の信仰が一体化したもの。

さらに神仏習合の聖地として白山、立山、御嶽山、東北では出羽三山が明治まで多くの人にとって修験者の信仰の場所であった。

富士山、日光、恐山もまた地域の根強い信仰を得ている。

その他、月山の月山神社（祭神：月読命）の月山権現の本地仏は阿弥陀如来であり、羽黒山出羽神社（祭神：伊氏波神《いてはのかみ》）の羽黒権現の本地仏は正観音菩薩、湯殿山湯殿山神社（祭神：大山祇神、大己貴神）の湯殿山権現の本地仏は大日如来である。羽黒山では神仏分離令以前は「別当寺」として山内十五坊を数えた。月山ではほとんどの寺院が廃されたが、数多くの阿弥陀仏や地蔵尊の石碑が残されている。湯殿山には大日坊、本道寺など、真言宗寺院として往時を偲ばせる山門が当時の姿を残している。

本項の最後に今一度、本地垂迹説が広く浸透して行った流れを記しておきたい。

＊延暦二年（七八三）、八幡神に大菩提の号を奉る。↓神祇が一段と仏尊の地位に近づく。

＊密教行者の山岳修行に伴い、山の神祇が仏教化する。↓吉野金峯山寺の蔵王権現のように仏教の護法神とも結びつく。

＊山中他界の祖霊信仰と弥陀、観音、弥勒等、浄土の信仰が習合する。↓熊野など各地の修験道では、神仏は全く対等、かつ同体となる。

＊上皇・貴族は熊野参詣によって現世と後世の安穏を祈願し、権力の安定と存続を願った。↓権現の加護を得るべく難行苦行を行った。

＊各王子社では奉幣、経供養といった神仏混淆の儀礼を行った。ここでは権現と親しみ、慰め、一体となるための「法楽」が催された。↓それは上皇・貴族にとって、都から遠い旅路の中での束の間の慰めでもあった。法楽とは、神楽、馴子舞、白拍子舞、歌会、相撲などのこと。

＊中世になるとほとんどの神社で祭神の本地となる仏尊名が定められた。↓本地垂迹説の一般化。

＊熊野信仰が諸国に流布・展開した中世以降には、在地武士や農民層の熊野詣が行われた。この時期は諸国の荘園鎮守として熊野権現が勧請され、さらには村落のみならず、薩摩硫黄島などの辺境の地にまで熊野信仰が浸透・定着してゆく（本書「薩摩硫黄島の熊野信仰」参照）。

三．江戸時代の伊勢神宮と天皇

伊勢神宮の正式名称は「神宮」で、内宮（皇大神宮）は二千年、外宮（豊受大神宮）は千五百年の歴史を持つ。まず初めに、天照大神《あまてらす》が伊勢の地に祀られるようになった経緯をと理由を『日本書紀』から抜粋して記しておこう。

初代神武天皇が日本を建国して以来、宮中では天照大神を祀って来たが、第七代崇神《すじん》天皇の時代に入ると国内で疫病が流行り、国民の大半が亡くなり、人心は荒廃した。国を治めることが困難となった天皇は祈った。

元より天照大神と倭大国魂《やまとおおくにたま》神の二柱を皇居内に祀っていたが、天皇はその神の勢いを畏れ、共に祀ることは安らかなことではないと判断、祭祀と政治を行う場所を分けることにした。天照大神については、豊鍬入姫《とよすきいりひめ》命に託して、笠縫邑《かさぬいむら》（奈良県桜井市三輪山付近）に祀り、その結果疫病の被害はようやく収まった。

その後、豊鍬入姫命の姪にあたる、垂仁天皇の第四皇女倭姫《やまとひめ》命が、天照大神の鎮座地探しの役目を引き継ぎ、各地を巡幸する。笠縫邑から現在の三重県、滋賀県などおよそ十六、七ヶ所の地を四十年もかけて巡った。そして倭姫命がついに伊勢の地に辿り着いた時、天照大神からの御神託が下ったため、五十鈴川のほとりに天照大神を祀る宮の創建が、伊勢神宮の創祀となったというわけである。

さて、内宮の鎮座する土地は「宇治」、外宮のそれは「山田」である。ともに神の鎮座する土地であるから、基本的に仏教は排除されていたと考えがちだが、当時の伊勢の神仏関係はそう単純なものではなく、仏教は並存隔離の状態であった。

律令国家の神宮に一般の人々が私的な参詣に訪れることはなかった。古代神宮においては、天皇、あるいは天皇の許しを受けた者以外は参拝や奉幣は禁止されていた。

しかし、国家神を祀る社として財源を朝廷に頼っていた伊勢神宮は律令体制の解体期からその財源を神領に求めざるを得なくなった。そこで平安時代末期からは当時の社寺参詣の風潮に倣い、神領や神宝の寄進が盛んに行われるようになり、これに伴って貴族から武士へ、さらに庶民へとその信仰は広がり、江戸中期以降には全国から群れをなした人々が伊勢を目指すようになった。このことは熊野への上皇・貴族の参詣が下火となって武士の参詣が増加する時期と重なっている。

江戸時代、伊勢にも「神宮寺」があった。伊勢の社領の経済的支配権はこの神宮寺が握り、奈良朝以来伊勢神宮においても日常的に神前読経などの仏教的行事が行われていた。

江戸時代の神宮は神仏混淆の社であって、あらゆる人々を受け入れた。民衆にとっては主に農業神の役割を果たし、お伊勢参りは一つの遊山であった。東国からは一ヶ月から一ヶ月半の日数をかけ、各地の名所旧跡や遊び場を巡る生涯の通過儀礼となっていた。

ところで熊野はもともと山岳修行者の入峯修行の地であったが、平安末期に浄土信仰が広まってゆくにつれて阿弥陀の浄土として多くの人々を呼び寄せるようになっていた。それがこの時代になって伊勢に取って変わられた形である。熊野詣が衰退したというのではなく、庶民によるお伊勢参りが熊野詣、西国三十三所観音巡礼の中に包括されていったと捉えるべきであろう。

さて、各地の旧家にはお伊勢参りの代参講による「道中記」が数多く残されている。彼らは自分より前に行った連中の道中記を懐にして、宿泊場所・道順・食事・名所見物・土産物・芝居見物などに活用した。道中記はまさに旅行のガイドブックの役割を果たすものであった。

伊勢神宮の下級神人「御師《おんし》」は全国に檀家場を持っていた。御師は「御祈禱師《おんきとうし》」を略した言葉で、平安時代以降は神社に所属する社僧を指すようになり、やがて所属する社寺へ参詣者を案内して参拝や宿泊の世話をする人を指すようになった。

熊野別当一族である鵜殿法橋（長存）が吉田経俊の御師を務めたことは前項で述べたが、熊野では「御師（おし）」と称し、伊勢では熊野と区別して「御師（おんし）」と称した。

江戸時代の神宮参詣は、基本的には御師が全国各地から参詣者を連れて来る。御師たちは各地に組織された伊勢講や神明講などの講を拠点にして伊勢信仰の普及に大きな役割を果たした。

具体的には、御師が一年に一、二回、伊勢の御札や暦（伊勢暦）を全国に配り、檀家と日常的な連絡をつけておく。全国の各町村から檀家の代参者が数人参りに来ると、御師は自分の家（御師家）に宿泊させて伊勢を案内し、御札の取り次ぎ役を果たした。この時、それぞれの町村から持ってきた初穂料を伊勢神宮に納める。御師は伊勢参りの仕掛人であり、信仰をネタにしたセールスマン、旅行代理業者であった。

彼らは伊勢の街道沿いに集住し、御師町《おんしまち》を形成していたが、現在伊勢に残されている「檀家帳」によると、神宮は江戸時代、全国に何百万軒という檀家を抱えていたとある。

御師の活躍に加え、幕府や各藩による宿場の整備、貨幣経済の進展、名所記・道中記・地図帖などが数多く出版されたことも伊勢参り盛況の要因であった。

当時、伊勢御師たちの手土産として重宝されたのは「伊勢軽粉《けいふん》」である。水銀は金属加工の際の溶媒として貴重なものだが、伊勢は古くから水銀の産地として知られていた。この水銀を産出していた丹生の地に真言密教の中本山神宮寺があることは、信仰と商業との深い関りを示唆するものである。

水銀は後に軽粉に加工され流通するようになるが、その中心地は近江の蒲生氏が移ってきて出来た商業都市・松阪だった。「おしろい」、または「駆梅薬」（梅毒治療の妙薬）として、伊勢軽粉は諸国を巡る御師たちによって流通した。

やがて丹生の水銀の産出量が減り、中国から安い鉛性の白粉が入るようになると伊勢軽粉も衰えを見せ始めた。しかしやがて、伊勢軽粉は化粧品としてよりも梅毒・虱の特効薬として新たな需要が増えたりもした。

江戸時代の農民や町人たちの生活感覚では、「伊勢神宮は天皇神だからお参りする」という堅苦しいものでなかった。というのは、この時代に仏教各宗派が民衆に対する「布教書」を出しているが、その中で将軍に対しては「御公儀」という言葉を使っているが「天子様」という言葉は出てこない。民衆にとって天皇というのは果てしなく遠い存在であった。

ただし武士階級の中では、上層階級における儀礼の際の「司祭者的役割」としての天皇神と捉えられ、仏教寺院の高位の僧侶たちにも天皇や朝廷周辺との大きな関りがあった。それは各宗派の本山の大僧正が着る「紫衣《しえ》」が直接天皇から賜るものであったからである。後水尾《ごみずのお》天皇以降は幕府の介入がなければ、その紫衣は天皇から頂くことができず、そういったことからも天皇という存在が民衆にまで届くことはなく、天皇や朝廷を奉るのは飽くまでも幕府（公儀）であった。

天皇神として神宮をお参りするようになったのは、江戸時代後期、世に国学的な思想が影響してくる平田篤胤（一七七六―一八四三）あたりの時代からである。天皇の祖先神としての伊勢神宮の位置づけ、後期水戸学の思想である。

そして、藤田東湖《ふじたとうこ》（一八〇六―一八五五）や会沢正志斎《あいざわせいしさい》（一七八二―一八六三）といった幕末の水戸藩士、水戸学藤田派の学者の思想の中で「尊王論」が唱えられ、これとつながって「伊勢神宮宗廟化論《そうびょうか》」（神宮は天皇の祖先を祀る所）が唱え始められる。幕末にこうした思想の影響を受けた人々によって伊勢神宮の姿は変わってゆくが、この段階であっても伊勢詣に参加する民衆に尊王思想が定着したとは言い切れない。

江戸時代、最も権力を握っていた神社は伊勢神宮ではなく、吉田神道の宗家である京都の「吉田神社」である。そのことは、寛文五年（一六六五）に幕府が「諸社禰宜神主法度」を制定して、神主の任免権は京都の吉田神社が発行すると規定していることからも分かる。この制度によって吉田神社が各村に一つずつ鎮守を作り神主を任命した。

その五年後の一七〇〇年頃には、全国にほぼ一村一鎮守という形態が出来上がる。吉田神社はそれらの総本山として明治元年までは圧倒的な権威を誇っていた。ところが明治になると、尊王論者のみならず民衆レベルにおいても天皇は威力を発揮し、その動きは次項に述べる「神仏分離令」へとつながってゆく。

＊

明治二年（一八六九）に明治天皇が伊勢地方を行幸し、その折神宮を参拝することになった。これを受け、明治政府は伊勢の神領域にあった仏教的施設をことごとく潰すよう命じた。この時期から神宮の地位はぐっと上がり、神宮こそが天皇の宗廟であり、国民統合の大本山だという形で拡大してゆくのである。

一方、吉田神社の占有していた神主の任免権が剝奪され、明治十五年（一八八二）には皇典講究所《こうてんこうきゅうじょ》（國學院大學）や神宮皇學館（皇學館大學）が設置され、こういった所で神官を教育して資格を与える制度に代ったため、神官任免権を失った吉田神社は力を失う。

明治三年（一八七〇）から神宮では、祭礼の日が決まると全国に布達してそれぞれの地域の鎮守社に「遥拝式」を挙行させ、民衆の参加を義務づけた。

祭礼日は第一には毎月の一日と十五日、第二は五節句（一月一日、三月三日、五月五日、九月九日。七月七日は抜けている）、第三に年末と正月、第四は農耕儀礼的な祭礼として田植えの時期と稲の穫り入れの時期。着目すべきは、神宮の祭礼日はそれまで民衆たちが農事暦のごとく行っていた年中行事を取り込んでいるということである。

ところが先述の通り、民衆にとって伊勢参宮とは、そこに参る者にとっても送り出す側にとっても信仰を核にしたものではなく、酒を飲んで遊ぶといった親しみ易いものであった。

お伊勢参りには、村や信仰集団である講の構成者がくじ引きや輪番で代表者となり参詣する「代参」

という形式があった。そうした代参者たちの目的は態のよい観光旅行であり、一ヶ月以上の旅行とは言っても伊勢滞在はせいぜい二日か三日である。参詣を終えると精進落しと称して名物料理を食べたり、妓楼に上がったりなど旅の解放感を味わったが、それ以外の膨大な日々は全国各地の旅程にある。つまり、お伊勢参りの後は、京・大坂・奈良の社寺参詣や物見遊山、芝居見物であり、人によっては西国巡礼の札所を廻り、善光寺にお参りして帰る。金毘羅山や厳島神社への参詣を加えることもあった。帰路は中山道をとるのが一般的であった。

それをある日突然、さあ、襟を正して地元で遥拝しろと言われてもピンと来るはずがない。民衆のこうした思いを他所に明治政府は各県庁を通じ、「村単位に鎮守社に集まり、遥拝式を行い、戸長は必ず出欠を取れ」という通達を出す。政府の強引な布達によって、遊び場であり、地域コミューンの憩いの場であった村鎮守が神宮の遥拝式場に変わってしまった。民衆の足が鎮守社から遠退いてしまうのは当然のことであった。

江戸時代に生まれ育った人々の神宮に対する感覚は変えようがないと理解した明治政府の次の一手は教育であった。明治五年、学制によって小学校を作り、そこで神話や道徳というものを批判力のない幼少時から徹底的に教えてゆこうとした。明治二十年代になって開花する「神道国教化政策」である。

四．神仏分離と廃仏毀釈

神仏両宗教は日本の歴史的風土に最も適合した形へと変化したことは既に述べた。これによりわが国独自の宗教文化が生まれ、全国津々浦々に神社と寺院が隣り合わせ、それらは分かち難く建立される。神祇と仏教との複雑な混淆・共存・折衷・融和が千年以上もの長い間続けられてきた。それが神仏習合であった。

江戸時代に檀家制度・寺請制度（後述）をもとに幕藩権力の一翼を担っていた仏教寺院に代わって、明治政府は国家公認の宗教として「神道」を置き、神社を「国家ノ宗祀《そうし》」としての体裁を整えるため一連の法令を発布した。

これによりそれまで村の産土神としていた神社は序列をつけて系統化された。官幣社《かんぺいしゃ》・国幣社《こくへいしゃ》などの官社は神祇官の管轄とし、府県社・郷社・村社・無格社などの諸社は地方長官の所轄としたのである。

また政府は神道の拠り所を「天皇」の存在に求め、天皇は日本国を造った天照大神の子孫であり、神を祀ることは神に連なる天皇を敬うことと同じく重要なこととした。神の子孫である天皇と外来の仏とが渾然一体となった状況を放置しておくわけにはゆかなかった。ただ、国家によって村の神社に序列がつけられたとは言え、もともと土着の神を祀っていた神社もあれば、神名の無い神社、自然物を祀った神社なども多く存在していた。

そこで政府は、明治元年（慶応四年・一八六八）三月、神仏習合の実態を廃し、寺院と神社を分離するよう命じる「神仏分離令（神仏判然令）」を世に出した。復古神道の影響下で天皇の神聖化を目的とした本令は、慶応四年から明治五年にかけて集中的に発布された法令群の総称である。

これにより全国津々浦々の仏教陣営は大きな打撃を受け、それが大きなうねりとなって「廃仏毀釈」の風潮が高まってゆく。神仏分離令はあくまでも明治政府の政策であり、廃仏毀釈は神道側がこの政策をきっかけにして民衆を巻き込んで展開された仏教排斥運動であり、両者は同意ではない。

廃仏毀釈の意図するところは神道の国教化であり、仏教と民衆との関係に楔《くさび》を打ち込むことであった。これまでの仏教は「偽妄の説」であり、それがどれほど国家に害を及ぼしたか、そして神道という「敬神の道」がいかに天恩や国恩に報いる道であるか、という点が力説された。

この運動による廃仏・破仏など旧来の仏教への攻撃の激しさは当時の政府の意図を越えていた。中でも仏教の総本山である京都・奈良での廃仏毀釈は徹底的になされた（後述）。

熊野においても多くの小神社は急遽、祭神と神社名などの形式を整えられ、権現とか牛頭《ごず》天皇といった仏教語をもって神号に唱えている神社にはその由来を詳しく報告させ、仏像を神体とすることを禁止、また梵鐘・仏具類を神社に置くことを禁止した。神社と仏堂を分離し、社地と寺域の分離も強行された。その先頭に立ったのは従来から兎角僧侶に圧倒されて不満を持っていた神職らであった。

具体的には、牛頭社や祇園社などは須佐神社（あるいは八坂神社）と改名され、素戔嗚尊《すさのおのみこと》を祭神とした。金刀比羅《ことひら》神社の祭神・大物主神《おおものぬしのかみ》は、薬師十二神将の一つである金毘羅《こんぴら》の垂迹した姿とし海神として信仰した。あるいは金刀比羅神社の祭神を鉱山の神・金山彦命《かなやまひこのみこと》とする地もあった。

日本が「明治維新」という大変革によって近代国家へと邁進する中、この「神仏分離」に併せ、「廃藩置県」、「王政復古の大号令」が発令される。寺と神社を明確に分離し、中世以来の神仏習合の状態を改める意図で出されたこの神仏分離令によって、神主を兼任していた僧侶たちは還俗《げんぞく》した。還俗とは一度出家したものが俗人に還ることで復飾《ふくしょく》ともいう。

また宮寺制は解体、仏像をご神体とすることを禁じ、神仏混淆的な神号・神体も一掃された。その後も次々に、菩薩号などの仏教的神号の禁止、神主は仏教に係わらないこと等の通達が出された。

明治元年の神仏分離令に続き、明治五年「修験禁止令」が出されて修験道が禁止。里山伏（末派修験）は強制的に還俗させられ、廃仏毀釈により修験道の信仰に関するものが破壊された。

この令は熊野三山をも直撃し震撼させた。

神道から仏教が分離させられ、廃仏毀釈となり、ついで修験道禁止となれば、熊野三山における本来の熊野信仰は完全に潰えることになる。新宮の熊野速玉大社の修験に関係する「庵主」、「妙心寺」（神倉神社本願の尼寺・熊野比丘尼の拠点）、「聖（神倉聖）」などは社の周囲の木までが境内とされ、それ以外はすべて政府のもの（＝上地《あげち》）となった。速玉大社の門前にあった庵主の広大な屋敷はすべて上地となった。

こうして修験と神社と寺が一体となっていた熊野信仰は無理矢理分離させられ、修験が持っていた土地・建物・動産はすべて没収、関係する人々までもがそこから追い出された。

ここで、先述の「妙心寺」に関連する新宮の「御燈祭《おとうまつり》」について触れておこう。

神倉山上までの急峻な磴道（鎌倉積み）の中ほどにちょっとした平地が現存する。ここに正面五間・奥行三間半の御堂「中ノ地蔵堂」があった。

現在の御燈祭では神倉山上に鎮座する「ごとびき岩」の社殿脇の岩間で熊野速玉大社の宮司らが火を点けるが、近世までは神倉聖によってこの地蔵堂で火が鑽《き》り出されていた。世の「修二会」が新春に祖霊を迎えて祈念する法会であるように、聖の鑽る火は祖霊を他界から招く導きの火であった。それが六道の衆生を導いて救済する地蔵信仰と結びついたものである。

かつて祭の当日は未明から結界が施され、夕暮れ近くなると、神倉聖は中ノ地蔵堂の内陣で火を鑽り、その火を山下の大鳥居前で待機する大勢の上り子が受け、自分の松明に火を移して山上を目指した。この地蔵堂を修復・管理したのが神倉本願、すなわち山麓にある修験寺院「妙心寺」であった。地蔵堂には十三世紀の地蔵菩薩坐像が祀られていたが、明治元年の神仏分離によって流出、現在は串本町出雲の観福寺の客仏として安置されている。

その後、御燈祭の際には仏教・修験的な法螺貝や鐘が使えないため、残位坊《にょらいぼう》（神倉聖の下役・直会衆）らの合図で上り子の松明に火が点けられた。

＊

明治四年（一八七一）には、幕藩時代の寺請制度による「宗門改」に変わり、戸籍法の制定に伴って氏子調べが実施された。出生児は戸長へ届けて神社に参詣し、社司《しゃし》・社掌《しゃしょう》から「氏子守札」を受けるのである。この守札の授与は村社以上の神社と定められ、これは全国民を氏子として神社に結びつけようとするものであった。しかしこの制度は二年足らずで中止になる。神職が少なく神職の常住しない神社が圧倒的に多かったためである。現在、生後三十日頃に行われる宮参りの時に授けられる「氏子札」は当時の唯一の名残りと言える。

長年全国的に広まった権現と本地垂迹であったが、江戸時代後半からは本居宣長（一七三〇―一八〇一）らの国学者たちによって『古事記』を見直して神国日本の復古を願う人々が登場する。そういった流れが「廃仏毀釈」への道に拍車を掛けて行った。

本居宣長の『古事記』の再発見・再考は、日本の古代史研究において多大な功績を挙げたことは知られている。宣長の『古事記伝』には、

稲は殊に、今に至るまでの万の国にすぐれて美《めで》たきは、神代より深き所由あることぞ、今の世諸人、かゝるめでたき稲穂を、朝暮に賜《た》ばりながら、皇神《みたま》の恩頼《ふゆ》をば思ひ奉らで…

とあり、この一文からは宣長の米に対する絶対的な信仰心が見られる。「皇神《みたま》の恩頼《ふゆ》」とは「神のおかげ」の意であり、神や先生や父母などたくさんの恩頼を蒙って今の自分があるという考えである。また宣長の歌に、

たなつもの百《もも》の木草も天照す日の大神の恵みえてこそ
朝宵に物くふごとに豊受の神の恵みを思へ世の人

がある。前歌は食事の際の「いただきます」、後歌は「ごちそうさま」という宣長つぶやきの歌である。

これら稲の重要性、食事への感謝の念などはまさに宗教以前の原初的な心の動きに触れたもの。しかしこれらはともに神宮祭祀の根幹にあるもので、ひいてはそれを祀る「天皇」の存在へとつながっている。宣長が意図的に王政復古を祈念したとは考えないが、日本固有の文化・精神を明らかにしようとする本居宣長という一大国学者の影響がそこに無かったかと言えばそうとも言えまい。いずれにせよ、仏教にとって受難の「神仏分離令」であった。

政府レベルにおいて言えば、その原動力となって明治初年の神道政策を進めて行ったのは「復古神道主義者」たち、津和野藩主の亀井《かめい》茲監《これみ》（一八二五―一八八五）、大国隆正《おおくにたかまさ》（一七九三―一八七一）、福羽美静《ふくばびせい》（一八三一―一九〇七）らの平田派国学の門下生たちであった。

しかし明治五年を過ぎると、キリスト教的な新しい思想の流れやヨーロッパ流の文明開化思想によって、そういった旧体制的な尊攘論は後退せざるを得ず、逆に排斥されてゆく。

特に森有禮《もりありのり》（一八四七―一八八九）などはこの神道国教化政策については批判的であった。また一方、仏教教団側の反発も強く、各地で「護法一揆」的な抵抗も出てくる。護法一揆とは、明治初期の廃仏毀釈などの政策に対して仏教の「護法」を掲げて起こされた一揆のことである。特に浄土真宗大谷派の僧侶や門徒による一揆を指すことが多い。いずれにせよ、明治政府の性急すぎた神道国教化政策の挫折がここに見られた。

民衆レベルにおいて、江戸時代の寺院がどういった存在であったかについて理解しておきたい。深く関わってくるのは江戸幕府が宗教統制の一環として設けた「檀家制度」「寺請《てらうけ》制度」である。文字通りこれは「寺請証文」を受けることを民衆に義務付け、その者がキリシタンであるかないかの判定、仏教の檀信徒であることの証明を寺院から請ける制度であるが、仏教は幕藩制のもとで権力と密接に結びついていたことを意味する。

この制度の確立によって民衆はいずれかの寺院を菩提寺と定め、その檀家となる事を義務付けられた。民衆からすれば、世の中が平和になって、人々が自分の死後の葬儀や供養のことを考えて菩提寺を求める。そういった状況の中、寺請制度は受け入れられてきた。

寺院では「宗門人別帳《しゅうもんにんべつちょう》」（現在の戸籍）が作成され、旅行や住居の移動の際には先述の「寺請証文」が必要とされた。各戸には仏壇が置かれ、法要ごとに僧侶を招くといった現在につながる慣習が定まり、寺院に一定の信徒と収入を保証される形となった。

こうした檀家制度や寺請制度が確立されたのは、一六三〇年から一六四〇年代であるが、特定の寺の檀家となった者は離檀することはできず、もし離檀をすれば僧侶によってキリシタンというレッテルが貼られた。彼らは宗門人別帳から除外され、「キリシタン類族戸籍」に入れられ、ここに一度入れられてしまえば原則的には男は五代、女は三代、つまり半永久的にそこから外されることはなかった。

さらに寛永十五年（一六三八）には「キリシタン密告制度」ができる。自分がキリシタンとされた場合、誰か別の人を指名しない限り自分は抜けられない。これにより類族のレッテルを貼られる人が次々と増えて行った。類族の人が死ぬと、その家に役人がやって来て棺桶の中に塩を入れ、棺桶を釘付けにし、人権書を取り、幕府に報告、幕府から許可が下りるまで埋葬はできなかった。埋葬ができたとしても戒名は与えられず、墓石を作ることも許されなかった。

またこの「檀家制度」「寺請制度」は寺院が檀信徒に対して「教導」を実施する責務を負わせることであり、すなわち仏教教団が幕府の統治体制の一翼を担うことであった。僧侶を通じた民衆管理が法制化され、寺院は事実上幕府の出先機関の役所と化した。その結果本来の宗教活動が疎かとなり、また汚職の温床にもなった。このことは後の「廃仏毀釈」の一因と言える。

*

江戸時代の寺院はほぼ例外なく「祠堂銭貸付《しどうせんかしつけ》」、つまり高利貸付を行っていた。まず寺を作るからと言って寄付を集める。当然寄付金は潤沢に集まらない。集まった金で足りない分を利子稼ぎするという名目で高利貸しを始める。農民は年貢や生活費のために寺の金を借りねばならず、土地を抵当に入れて金を借りる。結局土地は取り上げられ、寺は取り上げた土地を小作地としてその農民に貸し付け小作料を取る。他にも寺は、日牌料《にっぱい》（位牌を安置して毎日読経・供養する料金）、月牌料《がっぱい》、檀徳などの名目で定収を上げ、一人の人間が死去すれば十三回の仏事を行わせる。

このように寺は経済的にも経済外的にも民衆を雁字搦《がんじがら》めにしていた。そういう寺に忿懣《ふんまん》やる方なかったのが常に僧侶の下風にいた下級神主であった。神仏習合の時代、彼らは寺の手先にされ、収奪するのはいつも僧侶の方であった。廃仏毀釈運動の先頭に立ったのはこれらの下級神主であり、彼らは破却農民を味方につけて徹底的に寺を潰しにかかった。寺院や僧侶に対するルサンチマンである。

廃仏毀釈とは、仏教寺院・仏像・経巻を破毀《はき》し、僧尼など出家者や寺院が受けていた特権を廃することである。神宮寺などから仏教的要素は排斥され、神社、神道が重く見られるということだ。

明治政府が当初意図したところは神仏の分離のみであり、仏を毀《こわ》すよう指導したわけではなかった。政府はむしろ神仏の分離は穏便に行うように、との通達まで出していた。しかし結果的には神仏分離だけに終わらず、寺院の撤廃、仏像の破壊など熱狂的で過剰な廃仏毀釈が各地に勃発する。

繰り返すが、政府の意図を越えた全国的な運動は江戸時代に大きな顔をしてきた僧侶たちに反感を覚えていた民衆や下級神主の多くが「寺を廃し、仏像は破壊すべし」と拡大解釈したものであり、これによって凄まじい勢いで寺院を襲撃する事態が各地で起こった。

寺院の破却は明治八年（一八七六）頃まで続き、地域差はあるがそれまであった寺院の半分近くが廃絶され、古文書や仏像など多くの貴重な文化財が失われ、一部は海外に流出した。これまでの寺領は国に没収され、寺院は経済的にも窮地に追いやられた。その結果、俄か神職や軍属になる者もいれば、仏像を売り払って逃亡する者も現れた。

＊

最も早く廃仏毀釈の嵐に襲われたのは比叡山延暦寺の守護神・日吉《ひえ》山王権現であった。社司・樹下《じゅげ》茂国《しげくに》（一八二二―一八八四）を先頭に、神職以下数十名に地元の百姓も加わって神殿に乱入、仏像・経巻・仏具類を寺外に投げ出し、土足で蹴って焼き払った。樹下は仏像の顔を射抜いて快哉《かいさい》を叫んだという。こうした事態に力を得た全国の神職たちは次々と実力行使に出る。

京都では、参事・槇村正直《まきむらまさなお》（一八三四―一八九六）が中心となって、祇園社は八坂神社に、石清水八幡宮は男山神社に、愛宕山大権現は愛宕神社に改称し、仏像・仏具類を破却したり、払い下げたりした。また路傍の石地蔵を毀し、小学校の便所の踏み石などに利用することもあった。

唐招提寺では、神職たちによって「境内で豚を飼え」と罵倒され、寺内に田んぼが作られた。「運河」同人・貞許泰治氏は「運河リレーエッセー」（平成三十年二月号）の中で、唐招提寺境内に建立された松瀬青々の句碑、

門を入れば両に稲田や招提寺　　青々

を紹介し、「この句は廃仏毀釈以降の一時期の名刹の風情を詠んだもの」と記している。青々がこの句を詠んだのは大正四年のことであった。

春日大社は本来興福寺の下に置かれていたが、明治元年になって「僧侶は皆殺しにされる」というデマが流れ、怯えた僧侶たちは新神司《かんづかさ》として春日大社に所属した。興福寺の僧侶たちは春日大社の神主の下に皆編成替えになり、新神司は春日大社の下級神官に位置付けられることになった。

そして興福寺には僧侶がいなくなり、仏像や仏具は破毀、売却された。かの五重塔も競売入札に掛けられ、風呂屋（古道具屋という説もあり）が二十五円で落札したという。その風呂屋は薪として使うため、塔の金具を取り除くべく塔に火を付けて焼却しようとしたが、延焼を恐れた付近の住民たちの反対により中止。その後、唐招提寺がその一部を買い取った。

興福寺には大きな塔頭が二十ほどあったがすべて毀され、筆頭の坊である大乗院も廃された。現在の奈良ホテルの場所である。同じく廃されてしまった一乗院は現在の奈良県庁の辺りにあったと聞いている。

興福寺に奉仕していた僧、つまり春日大社の新神司たちは先述の通り、殺されるのではないかと慌て

て全員還俗し、春日大社に仕える神職になったわけだが、周辺の寺々の僧侶たちは依然そのままでいた。彼らは「何だ、殺されてないじゃないか」と再度興福寺の僧侶になることを望んだが、今度は明治政府が許可しない。それに対し、彼らは古くから縁のある西大寺や唐招提寺の荒廃した伽藍の管理だけでもさせて欲しいと嘆願した。

奈良県桜井市の神宮寺では、本尊の十一面観音が捨てられてしまった。それを近くの聖林寺の住職が拾い、その観音像は今も聖林寺に保管されている。

薩摩と水戸の二藩では、寺という寺が取り潰され、そこに神社を立て、僧を還俗させ、従わない僧侶は領外へ追放した。薩摩藩では、千六百十六の寺院が廃され、還俗した僧侶は二千九百六十六人を数えた。財産や職を奪われた僧侶の三分の一は軍人になった。

水戸では、寺の鐘や銅の仏像を溶かして時代遅れの銅の大砲を作って幕府に献上した。殊に水戸では尊王思想が強まるあまり、神である天皇が頭を下げる仏教を眼の仇にし、幕藩体制に組み込まれている寺（檀家制度）を排除した。

大阪住吉大社では神宮寺の大きな堂塔が破毀された。

出羽三山の廃仏毀釈では、修験道の多くの坊舎が毀された。千葉県鋸山の五百羅漢もすべて破毀された。

美濃国では、仏教の施設が無くなり、神道になることを余儀なくされ、現在においても葬式を神式で行う家庭が多い。

富山藩では、明治三年に領内三百十三寺院を八ヶ寺に統合するため廃仏が行われ、さらに翌年修験道が廃止された。

熊野三山では神仏分離令後は仏教の形跡は消え、僅かに青岸渡寺の観音霊場と大斎原《おおゆのはら》の一遍上人の大きな石碑が残るのみである。

十津川村では、五十四の寺がすべて毀された。十津川村における徹底した廃仏毀釈は、熊野古道小辺路は十津川村に通っているため多くの天皇が参拝しており、十津川村の寺は天皇家との関係が親密であったからである。これにより明治四年（一八七一）、十津川郷は全村をあげてそれまでの仏葬制を神葬制に改めた。翌年には郷内の廃寺を願い出て、明治六年には総廃寺を断行している。十津川村は水戸と同じく、神である天皇が頭を下げる仏教を排斥するとともに、長年の別当の強欲的な支配から脱する好機と見たのである。それから百二十年経った今も一寺も復活していない。

十津川村の玉置山は、平安期から鎌倉期にかけ「熊野三山の奥の院」と称されて栄えた。平安期には花山院、白河院、後白河院らが熊野三山から十津川に来て、ここに詣でている。京都の貴族を巻き込んだ熊野詣の流行は、十津川や玉置山まで及び、玉置山もまた熊野信仰の圏内に組み入れられていた。当時、玉置山の神域は社僧が護持し、社名も神仏混淆風に「玉置三所権現」と称され、江戸期になると山内に七坊十五ヶ寺あり、数百人の山僧がいた。現在は宮司一人に数人の補助者が山を守っている。その玉置山も神仏分離よって、明治風の国家神道の名称「玉置神社（玉置三所大神）」と呼ばれるようになり現在に至っている。

伊勢の度会《わたらえ》府では全寺院の四分の三が廃寺となり、隠岐島や壱岐・対馬でもその破毀活動は激しかった。以上のように全国的規模で神仏習合の寺院は悉《ことごと》く廃止、破毀の標的にされ、逃れるために仏像を秘かに隠す者、俄かに鳥居を設けて神道を装う寺院などもあった。

ここに挙げた激しい破毀活動は特殊な例であったとしても、神仏分離の前と後とでは、神仏習合が当然のことであった人々にとって、その心情や精神活動が大きく変わった。権現や八幡などの名称は復活したとは言え、ご神体としての仏像は失われ、経巻も無くなってしまった。参るための仏具や鰐口も無い所もあった。

冗談のようなこんな話もある。寺院が無くなると仏像が不要になるので、風呂の焚き出しに使ったところ評判になり、わざわざ遠方から入浴に来るようになった。「今日は菩薩像で焚き上げ」「明日は毘沙門天で焚き上げ」といった会話が交わされたという。そしてまたいくら廃仏毀釈といっても、「明日から貴方は○○神社の神官だ」と言われ、「はい、そうですか」と神官になってしまう宗教観も遣る瀬ない。

先に「廃仏毀釈運動は当時の政府の意図を越えていた」と記したが、確かに明治政府は驚いた。それは明らかに秩序の破壊であり、仏教に対する厚い信仰心を持つ民衆が反政府暴動を起こすことを警戒したためである。

これにより政府は明治元年六月より「神仏分離は廃仏の趣旨ではない」「僧侶の還俗を強要してはならない」との訓告を発した。それでも数年間は民衆の反寺院闘争は収まらなかった。政府は仏教の衰微がキリスト教の興隆を招く条件になることを恐れたのである。明治四年（一八七一）七月、廃藩置県の後にはむしろ積極的に仏教を保護した。

また、世に廃仏毀釈に対する反対運動というものが無かったわけではない。浄土真宗は明治政府に廃仏毀釈による被害を訴えた。明治時代の美術界の指導者・岡倉天心（一八六三―一九一三）は廃仏毀釈からの復興に力を尽くし、千年以上の貴重な美術、文化財、仏像の修復に奔走し、政府にその惨状を訴えた。

おわりに

自然を愛し、神も仏も共に親しく尊崇し、常に祖先と共にある大らかで寛容な知性、それこそがこの国の庶民の信仰を形作ってきた。

明治初年の神仏分離、廃仏毀釈、その延長線上の明治五年の修験道廃止令によって、仏教や修験道の活動は罷りならぬと木っ端微塵に潰されてしまった。本稿では主に「神仏分離」「廃仏毀釈」を中心に記したが、これらは今からほんの百五十年前のことである。

廃仏毀釈は伊勢の地においても激しく、神宮と関係が深かった「慶光院」など百所以上が廃寺となった。熊野で盛んであった修験道も廃止され、真言・天台の二宗派のいずれかに帰属させられた。日本列島各地に受け継がれてきた常民の信仰は根底から覆され、それまでの神仏習合的な信仰空間はその変容を余儀なくされた。

廃仏毀釈は先述の岡倉天心たちの努力もあってその後鎮まったが、神道の国家神道化は推し進められた。以降、政府による信仰への介入は甚だしいものであった。

明治三十九年（一九〇六）の一村一社を原則とする「神社合祀」や後の「神道指令」など日本の宗教の本質部分を解体する試みは、こうした庶民の精神的拠り所、宗教風土を次々と奪い去ってしまった。

三重県では、明治四十一年までに七百三十四社が合祀され、その数は県内神社総数の八九％に及ぶ。和歌山県では、三千七百十三社あった神社が明治四十四年には七百九十社に整理された。

これまで祭神の詳細などを追及することなく、産土神・氏神として土地の人々によって祀られてきた社や小さな祠は強制的に一ヶ所に集められ、庶民の心に根付いていた信仰は衰え、熊野三山は国家神道の中に組み込まれて行った。

しかし「屋敷神」や「氏神さま」、「八幡さま」、「権現さま」と親しんで祀る信仰の火種、神仏混淆の宗教風土は心の奥底に途絶えることはなかった。そして平成十六年（二〇〇四）、熊野三山、高野山、吉野大峯の「紀伊山地の霊場と参詣道」が世界遺産（文化遺産）に登録された。

（二〇一八年二月　書き下ろし）

熊野本願――社家との確執

明治以降、いわゆる「神社」とみなされている熊野三山であるが、神仏習合の世には深く「寺院」と関わっていた。そういった当時の組織や活動はあまり知られていなかったが、「熊野三山協議会」では、伝来する新宮本願庵主《あんじゅ》（梅本家）と神倉《かみくら》本願妙心寺（引地家）の古文書・古記録、及び那智七本願の記録（青岸渡寺文書）の翻刻事業とその研究を「熊野本願文書研究会（鈴木昭英会長）」に委託、これによりさまざまなことが分かってきた。ちなみに、新宮本願庵主であった梅本家の子孫は現在三重県松阪市にお住まいである。

元来「本願」とは「本来の念願」の意だが、仏教世界では「阿弥陀仏の四十八願」と称されるように仏・菩薩が過去世《かこぜ》において立てた衆生救済の誓いを指す言葉である。

もう一つの意味は「本願主」、造寺・造仏、写経など、功徳となる事業の発起人である。すなわち、熊野三山のなかに組織された寺院の総称が「熊野本願所」「熊野本願」である。神社内にあった寺ということになる。

海昇り来し太陽が熊野灼く　　右城　暮石

本宮・新宮・那智からなる熊野三山信仰は平安時代から高まり、院政期の熊野御幸をはじめ、中世には貴族・武士・庶民による熊野詣が全国的な広がりを見せた。

この熊野三山の経済は、当初より上皇・貴族らが寄進した荘園からの神領収入や武士・有力農民からの奉賽銭により賄われていた。しかし、中世後期の「応仁の乱」（一四六七）の後、荘園経済が崩壊、三山造営・修復のための財源調達が困難となった。そこで三山の本願寺院に属した宗教者である山伏や比丘尼らによる布教・勧進活動が始まった。浄財を募るための資金集めである。こうした勧進元、造営事業の拠点となったのが「本願所」である。

つまり熊野三山が荘園を失い、参詣者も減り、経済基盤が揺るぎ出した戦国時代から江戸時代初期にかけ、熊野三山内の社殿堂塔の造営・修復のための資金集めを担ったのが「熊野本願」であり、ここは諸国を巡る熊野山伏や熊野比丘尼を統括し、その者たちに勧進活動をさせ各地を廻らせていた。

本宮には本宮庵主一ヶ寺、新宮には新宮庵主一ヶ寺、那智には御前庵主・滝庵主・那智阿弥・春禅坊（大禅院）・行屋坊（理性院）・浜之宮補陀洛山寺・妙法山阿弥陀寺の七ヶ寺があり、併せて九ヶ寺が熊野九本願と呼ばれた。

渡海僧で有名な浜之宮補陀洛山寺も神宮寺であるが、本願所となった経緯や時期は明らかになっていない。補陀洛山寺蔵の工芸品や仏像の銘から見て、十六世紀初頭から半ばにかけて本願を務めた聖の名が確認されている。

夏至の海荒れ補陀洛を遠くせり　勝井良雄

また新宮庵主の配下で神倉社（熊野速玉大社の摂社）を所管した妙心寺などの本願寺院は、妙心寺の他、明王院・金蔵院・宝積院・宝蔵院・三学坊・泉養坊・大正院・不動院・泉良院の計十ヶ寺があった。

＊

熊野三山の勧進・造営機能は中世初期には、専ら「勧進聖《ひじり》」による一過性の請負事業であったが、中世後期から近世には本願所がその事業の拠点となった。それは全国でも同様で、例えば稲荷神社・多賀神社・厳島神社・杵築大社などでも堂社の修復・再建の資金調達のため、それぞれの本願所によって勧進活動が行われていた。

しかし熊野本願は自らの宗教的個性から積極的に奉加《ほうが》活動（寄付・寄進）を展開し、戦国大名や幕府といった政治権力の公認と援助を受けて勧進・造営事業を展開することができ、その形態はやや特殊であった。他社には見られない熊野本願の特徴として以下のようなものがある。

一．熊野本願は中世末期から配下の山伏・比丘尼たちに「熊野願職」の権利（免許）を与え、彼らの勧進活動を通じて得た奉加銭など願物《がんもの》の取得権を有し、また新宮庵主は、熊野川を挟み熊野路と伊勢路を結ぶ渡しの渡銭、諸堂の散銭《さんせん》（賽銭）を取得することによって経済的得分を得ていた。

一．本来、御神体に近づいて内陣・外陣《げじん》に参入することは社家の特権であり、それは各地の本願所も同様であったが、熊野本願は遷宮という神社造営の儀礼行事の「灑水加持《しゃすいかじ》」という密教的な清めの修法によって、神幸《しんこう》道や御神体の鎮座する内陣・外陣への参入を果たした。「神幸」とは、遷宮または祭礼に際し、御神体が神輿や御船代《みふなしろ》に乗って新殿・御旅所などに渡御することである。

一．熊野本願は年始の釿始《ちょんなはじめ》、諸殿の柱立《はしらだて》、下遷宮・上遷宮にいたる一連の遷宮の儀礼行事において、本来の職分である造営の儀式に中心的な役割を果たした。また、例大祭における諸役を負担することにより、祭礼などの諸行事に密接な関わりを持ち、社内においても多彩な祈禱活動、宗教活動を行い、社家と同等あるいはそれ以上の役割を担った。

一．熊野本願は「牛玉宝印《ごおうほういん》」（いわゆる「厄除け」「誓紙」、牛玉は牛王とも書く）の調整・頒布にいたる大きな権限を持った。『熊野観心十界図』、『熊野那智参詣曼荼羅』を携行して「絵解き」という宗教活動を行う熊野比丘尼がいた。彼女たちは熊野権現の神徳・霊験を説いて諸国を勧進、その際に梛《なぎ》の葉とともに熊野牛玉宝印と大黒天札を護符として配札した。

速玉の巫女ら並びて夕立見る　谷口　智行

雲の峰熊野牛王を戴きに　中村　光子

＊

熊野三山の運営を基礎から支えた熊野本願であったが、江戸中期以降、幕府や紀州藩の政策によってその権限を奪われ衰退する。その経緯は次の通り。

延宝三年（一六七五）に幕府寺社奉行より、三ヶ条の「覚《おぼえ》」が出された。本願排斥の政策である。中世末から修験道兼帯（いわゆる「かけもち」）が慣例となっていた新宮本願であったが、これによって兼帯が禁止され、配下の山伏・比丘尼に対する本願所の支配力が脆弱化、勧進活動が停滞、本願は衰退した。

しかし幕府は、あくまでも「修験道兼帯」を禁止したのであって、熊野本願の山伏・比丘尼らを否定したのではなかった。中世の本願が交渉から実施まで包括的に支配していた勧進・造営機能であったが、近世にはすでに社家による本願排除の動きが始まっていた。それが顕著となるのは寺社の勧進活動が許可制となり、幕府が造営に関する窓口を一本化しようとしたことに始まる。

具体的には、元文元年（一七三六）に幕府から社家に三千両が寄付され、紀州藩の役人と社家が貸付金の運用を行う体制となった。つまり社家は経済的に本願に頼らず、本願を排除した形で造営・修復を行うことができるようになった。これにより本願の果たす造営機能が急速に衰退、勧進・造営の役割を実質的に失っていった。

さらに追い打ちをかけたのが、延享元年（一七四四）の「幕府裁許」である。幕府儒者奉行が社家と本願の社内での位置づけを明確にしたもので、次の内容が申し渡された。

社内では社家の社職が重く、本願の社役は軽く、両者は同格ではない。社中という場合は社家のみを指し、本願を含めない。本願は社家一臈の支配を受けること。本願の色衣《しきえ》（色衣《いろごろも》ともいう）着衣を禁じる。社内諸行事は社家の「社法格式」を幕府公認の社法として随うべきこと、などである。

＊

幕府は熊野本願に対し、以上の事々を心得よと命じたのである。その背景には紀州藩主・徳川頼宣《よりのぶ》の神道重視、神仏分離の政策があった。頼宣は、少し時代を溯った明暦二年（一六五六）に「吉田神道」を継承した吉川惟足《きっかわこれたる》を招いて神道を受講、その翌年には江戸藩邸において問答を行っている（「南竜院様へ惟翁之答」）。

幕府から社家に三千両が寄付されたことは先述したが、社家は経済的にも思想的にも幕府や紀州藩からの庇護を得、本願の排除へと向かった。こうした「神仏分離」を意図する仏教排斥は江戸幕府の宗教政策の中にすでにその意図が見られたということであり、こうした延長線上の結果として延享元年の「幕府裁許」が下されたのであった。

ところが、である。熊野本願は猛然とこれに反論する。

社家優位の裁許に対し、本願は古来からの証跡に基づき、社家が利運を誇ることに不満を表し、長きにわたって本願が社家と同等にさまざまな社役を担って来たと抗議した。

具体的には、新宮庵主は旧記の証跡を纏めた「旧事易解記《くじえきかいき》」を著し（一八二一）、また「万世亀鑑《ばんせいきかん》」と銘する願上書付《ねがいあげかきつけ》を寺社奉行に差出し（一八五五）、さらに幕府裁許の色衣停止に対しては「色衣拝領覚」を纏《まと》めたりした（一八五五）。

幕府裁許によって造営の主役から排除された後も、熊野本願はこれらの反論により一定の役割を引き続き留めることになった。

こうして熊野本願は裁許後においても、渡船や諸堂の散銭・散物などの経済的権利得分を従来通り管理し、先述の「灑水加持《しやすいかじ》」も引き続き本願が務めることとなる。

その他、遷宮時においても本願は社殿の釿始、諸殿の柱立、下遷宮・上遷宮にいたる一連の遷宮儀礼で一定の役割を留め、幕府に献上する「公儀御用之牛玉」も引き続き本願が行った。加えて、幕府裁許で禁じられていた新宮城(丹鶴城)主の武運長久を祈禱する護摩供についても、本祈禱の綸命《りんめい》(天子の命令)が新宮庵主へ下された(一八四二)。

丹 鶴 城 亡 者 ゆ き 来 す 雪 の 下　　松根　久雄

＊

熊野本願はかねてより多彩な祈禱・宗教活動を展開することでさまざまな社役に関わった。

しかし幕府寺社奉行は「延享の裁許」によって本願排除の動きを見せる。これにより本願は造営の主役から排除されたものの、社役の全てを排除されることはなかった。それは、他の本願には見られない宗教的個性を持つ熊野本願が、長く深く社役に関わっていたからこそと言える。

(「運河」二〇一六年一月号)

古代の熊野信仰――「黄泉返り」の思想

一．熊野三山の成立

あたかも神々の時代から熊野三山があり、当初より三山が形成されていたという印象を受けがちであるが、それは歴史的事実と異なる。熊野三山が一体化したのは平安時代末期の十一世紀頃である。熊野三山の聖地の興り、それは熊野川流域にあった。上流の本宮と河口の熊野速玉において、それぞれ川の脅威を鎮める役割を果たしていたことが信仰の出発点となった。

熊野川いとよく涙うち流す人ばかり居てものがたりめく　　与謝野晶子

熊　野　川　そ　の　源　の　滝　雫　　山川　喜八

平成二十三年九月、台風十二号による「紀伊半島大水害」が起こった。上流の北山川、十津川などに降り注いだ雨が熊野川に流れ込み、下流の和歌山県新宮市、三重県紀宝町などで氾濫した。和歌山県新宮市熊野川町日足《ひたり》地区では川の増水により三人が死亡、熊野川町行政局庁舎は三階近くまで浸水した。三重県紀宝町浅里《あさり》地区では広範囲にわたって水没、一人が現在も行方不明のままだ。

熊野では太古の昔からこうした水害が幾度となく繰り返されてきた。人為の及ばぬ自然災害への畏怖と鎮めのための祭祀地が本宮と速玉であったと考えるのは自然なことであり、両神社は奈良時代より存在していたことが確認されている。

一方、熊野那智大社である。那智山の信仰の中心にあるのは大瀑布「那智の滝」であることは言うまでもないが、祭祀地としての成立は前二者からは遅れたとみられている。少なくとも奈良時代に祀られていたとする史料は存在しない。那智山が那智の滝とともに聖地として成立したのは十世紀後半と考えられている。

みくまのの那智の滝こそ神ながら　伊藤　柏翠
那智の滝人寄せつけず遠のけず　田中　菊枝

熊野三山が一体と認識されるのは、神は仏が現世に現れた仮の姿と捉える「本地垂迹《すいじゃく》思想」に基づくものであり、熊野三所権現《ごんげん》が成立する十一世紀以降ということになる。

三熊野や葛衰へぬ照りざまに　宮津　昭彦
妙法のかなかな熊野大権現　角川　照子

参考までに「熊野権現」とは、熊野速玉大社を例に挙げれば、薬師如来が衆生を救うために化身し、わが国の神・速玉大神になったということ。「権《ごん》」とは「権禰宜《ごんねぎ》」と用いられるように、仮、副、準の意。薬師如来が仮に現れた姿が速玉大神というわけである。

二．聖地の変遷

結論から言うと、多武峰《とうのみね》→吉野→熊野といった聖地変遷の流れである。交通手段のない当時、明日香の都人にとって吉野・熊野は地理空間的にも、精神的にも、彼らが認識できる範囲を超えており、都からは想像を絶する最遠の地であった。彼らが徒歩で聖地を訪れるには、明日香の東に位置する多武峰がせいぜいであり、吉野や熊野は初めからの聖地ではなかった。

三椏の花の夜空に多武峰　古賀まり子
夜半にして談山の塔しぐれける　佐藤　春夫

多武峰は奈良県桜井市南部にある山とその一帯にあった寺院の総称である。飛鳥時代に中大兄皇子と藤原鎌足が蘇我氏を倒す計画「大化改新」を談合した地として知られている。

多武峰寺の起こりは、六七八年に鎌足の長男・定慧《じょうえ》が摂津に埋葬されていた鎌足の遺骨をこの地に移し、十三重塔を建立して妙楽寺《みょうらくじ》（多武峰寺）を開いたことに始まる。国家に不祥事があるとこの山が鳴動するという御破裂山《ごはれつざん》の頂上には鎌足の塚がある。

七〇一年、多武峰に神殿が創建された。藤原氏の繁栄に伴って長らく神仏習合の形で隆盛してきたが、明治時代の「神仏分離令」で寺が廃止、談山《たんざん》神社として今に至る。

文献的には以下の通りである。

『日本書紀』には、「飛鳥時代に道教を信奉していた斉明天皇が多武峰の山頂付近に石塁や高殿を築いて両槻宮《ふたつきのみや》とした」とある。『日本三代実録』には、八五八年（天安二）に「多武峰墓を藤原鎌足の墓とし、十陵四墓の列に入れる」と記されている。さらに平安時代中頃の成立と見られる『多武峯略記』には、「鎌足は最初摂津国安威《あい》（現在の大阪府茨木市大織冠《だいしょくかん》神社、阿武山古墳か）に葬られたが、後に大和国の多武峰に改葬された」との記載が見える。

＊

さて、多くの都人がこぞって多武峰を訪れるようになると、聖地も俗化してしまう。そこで都人は次なる聖地を求めることになる。吉野である。

吉野山に鎮座する金峯《きんぷ》神社は吉野山最奥の青根ヶ峰の傍にあり、吉野山の地主神を祀っている。明治以前の神仏習合時代には「金精明神《こんせいみようじん》」と呼ばれていた。金峯山《きんぷせん》とは、ここが黄金を蔵する山とされた信仰に由来する。金峯山の寺号は、もと山上ヶ岳と吉野山にある多くの寺院の総称であった。現在は吉野山にある蔵王堂を金峯山寺と呼び、修験道の中心寺院である。

大宿坊大蔵王堂冬の山　高野素十

夜涼みの蔵王堂にてひき返す

山中みね子

一〇〇七年（平安時代後期）、のち摂政となる権力者・藤原道長が金峯山に参詣した。このことは『栄花物語』に記されているが、その道程は次の通り。

道長は京の都を出発し、巨椋池《おぐらいけ》から木津川を遡り、奈良の大安寺を経て中街道（下ツ道）を南下、さらに橿原、壺阪峠を越え、大淀古道を通り吉野山に入ったというもの。

道長が栄華を極めた平安時代中期の貴族社会では宮廷文化が花開き、宮廷には妃に仕える優れた女房たちが集った。その中には『源氏物語』の作者・紫式部や『栄花物語』の作者と目される女流歌人・赤《あか》染衛門《ぞめえもん》らがいた。道長自身も『御堂関白記』という記録を残している。道長はまた、山上の金峯山寺蔵王堂付近に日本最古の経塚「金峯山経塚」を造営した（本稿「熊野の経塚」参照）。

こうして吉野は皇族・貴族らの参詣が盛んとなったのである。

*

さらにその後、神道や山岳信仰の土壌の上に密教と修験道が独自の展開を遂げてゆくことになり、ここから熊野への聖地の変遷が始まる。役小角や空海、一遍などの革命的宗教家たちの登場である。彼らは吉野から熊野へと山岳地帯に奥深く分け入り、縦走し、大自然の声を聴き取り、神仏の啓示を受け、新たな宗派を確立して行った。

都人にとっての熊野は、そこに詣でることだけが目的ではなかった。黄泉の国や西方浄土に近い熊野に詣で、困難を極める行程を経て都に帰って来ることに大きな意味があった。それはまさに「黄泉より返る」＝「よみがえる」ことに他ならなかった。

みくまのの浦の浜木綿髪に挿し　　細見綾子

生きてゐしかば大斎原の若菜摘む　　後藤綾子

多武峰に始まった都人にとっての聖地巡礼は、こうして吉野へ、熊野へと広がって行ったのである。

（「運河」二〇一七年四月号）

室古と阿古師——建国に関わる伝承

三重県熊野市に二木島《にぎしま》という在所がある。「島」とあるが、陸地から離れた島ではない。『新熊野風土記』によればその地名は、波が穏やかな湾に臨むことから「和島《にぎしま》」「凪島《なぎしま》」と呼んだことに由来する。「二鬼島」「二喜島」という表記が用いられていた時期もあった。

かつてこの二木島湾を境にして、熊野国（牟婁《むろ》）と伊勢国（英虞《あご》）に分かれていた。二木島町の中央部を流れる逢川《あいかわ》が両国の境とされた。川の名の由来は伊勢神宮の神と熊野権現がここで出逢ったとされる。また、二木島湾を包み込むように聳える熊野古道・逢神坂《おおかみざか》峠という名も、伊勢と熊野の神がここで逢うところからの命名である。

＊

二木島湾の東西端に由緒ある二つの神社が鎮座する。牟婁に「室」を当てた室古《むろこ》神社、英虞に「阿古」を当てた阿古師《あこし》神社である。この地には、神武天皇東征軍の荒坂津《あらさかづ》への上陸伝説もあれば、巨大な岩盤が続く千畳敷に座し、楯ヶ崎を望みながら、伊勢大神と熊野大神が酒盛りをしたという伝説も残されている。いわば神話の地なのである。

ちなみに二木島にある唯一の診療所の名は「荒坂診療所」である。

二木島は熊野灘を行き交う航船の寄港地として栄え、『日本航路細見記』には「二木島は上下の大みなと也」と記され、『全国湊くらべ』には二木島港を西前頭四十四枚目に格付けしている。

ここにはかつて船乗りを相手とした遊女もいた。一時二木島の隣町の新鹿《あたしか》に「岐川庵《ふたまたあん》」という庵を結んだのは江戸中期の俳人・三浦樗良《ちょら》であった。樗良は「芭蕉門中興の六家」の一人と称され、蕪村とも親交があった。彼は二木島の娼妓・かよ女を妻にした。彼女は俳句も堪能な、才色兼備の才媛であったという。

ここにこそ野宿せよとて梅の花　　樗良

わがいほは雪もろとものなづなかな　　かよ女

また二木島では古くから捕鯨が行われ、鯨の供養塔の建立や、紀州藩第八代藩主・徳川重倫《しげのり》の「鯨突《つき》取《と》り漁法」観覧なども行われた。

一九八〇（昭和五十五）年一月三十一日、二木島で手斧や猟銃で親族十人が殺傷され、犯人が自殺するという「熊野一族七人殺害事件」が発生した。当時新鹿に住んでいた中上健次は『熊野集』にこう記している。

その事件は自分が今まで書いて来た小説の顕現化だとも思ったし、私小説で何度も書いた主人公の暴発が成就したものだという思いも積もった。ノートを取り、ひりつく気持のうちに小説に仕立てようと何度も試みた。実際何もかも符丁が合い過ぎていた。

健次はこの事件を題材として、柳町光男監督の映画『火まつり』（一九八五）のシナリオを手掛け、作品中の舞台も「二木島町」とした。さらに映画公開後は小説化に取り組み、『文學界』に連載、昭和六十二年（一九八七）に『文藝春秋』から単行本が出版された。

*

天孫降臨の地・日向の高千穂峯に降り下った瓊瓊杵尊《ににぎのみこと》の三代目の子孫・神日本磐余彦《かむやまといわれびこ》（後の神武天皇）は、五瀬命《いつせのみこと》、稲飯命《いないひのみこと》、三毛入野命《みけいりののみこと》という三人の兄とともに国家統治の場所を東方に求め、倭国（大和）に向かった。神武東征である。

『古事記』によれば、神武は日向の高千穂で、葦原中国を治めるにはどこへ行くのが適当かと五瀬命らと相談し、東へ行くことにした。舟軍を率いた一行は日向を出発し、筑紫へ向かい、豊国の宇沙（現宇佐市）に到着する。この地で宇沙都比古《うさつひこ》・宇沙都比売《うさつひめ》の二人が仮宮を作って彼らに食事を差し上げた。

一行はそこから移動し、岡田宮で一年過ごし、さらに阿岐国の多祁理宮《たけりのみや》で七年、吉備国の髙嶋宮《たかしまの》で八年を過ごした。そして河内国草香村（日下村）の白肩津に停泊する。

さらに神武一行は生駒山を越え、倭国に入ろうとするが河内国を支配していた長髄彦《ながすねひこ》の軍に行く手を阻まれる。その軍勢との戦いの中で五瀬命は長髄彦が放った矢に当たって深手を負う。五瀬命は「我々は日の神の御子だから、日に向かって（東を向いて）戦うのは良くない。廻り込んで日を背にして（西を向いて）戦おう」と言った。つまり生駒越えができずに敗退した神武軍は紀伊半島に沿う海上迂回作戦を取る。これにより南の方へ回り込むが、五瀬命は紀国の男之水門《おのみなと》（雄水門）に着いた所で戦死した。

そして紀伊の名草邑に着き、紀伊の女王・名草戸畔《なくさとべ》を誅し、熊野へと向かう。しかし熊野上陸の直前に熊野灘で暴風雨に遭遇、船団は転覆や沈没などで大損害を被った。神武の二人の兄・稲飯命と三毛入《みけいり》野命《ののみこと》もまた嵐の海に飲み込まれた。神武一行の御船は二木島沖で遭難したのである。

以下、『日本書紀』によれば、神武の二番目の兄・稲飯命《いないひのみこと》は「ああ、我が先祖は天神、母は海神であるのに、どうして我を陸に苦しめ、海に苦しめるのか」と嘆き、剣を抜いて海に入り、鋤持神《さひもちのかみ》になった。また三番目の兄・三毛入野命も「我が母と姨《おば》は二人とも海神である。なのに、どうして波を立てて我々を溺れさすのか」と波頭を踏んで常世国に行った。兄弟の中で生き残ったのは神武だけであった。

*

入水して薨御《こうぎょ》した両命を発見したのは二木島の浜の民であった。いわゆる土民である。彼らは村の手漕ぎの鰹船の全てを繰り出し、大時化と戦いながら決死の救難活動を行った。

熊野のこの地の祖先はこの海難事故を目撃したわけだが、想像するに、彼らは不眠不休で救助活動を行い、遺体の収容、重傷者の手当て、ひいては埋葬などに力を注いだに違いない。その後土民たちは二木島湾の両端の二所に両命の亡骸をそれぞれ奉葬した。

稲飯命の御陵を産土神として祀ったのが室古神社、三毛入野命の御陵を祀ったのが阿古師神社である。両神社には、この時ともに遭難死した豊玉彦命《とよたまひこのみこと》、豊玉姫命《とよたまひめのみこと》、その親族も祀られている。

当時の荒坂地区は孤立した小さな漁村であったから、これらの状況を詳しく後世に伝える文字や手段はなく、現在に至るまで口伝や祭典に頼るしかなかった。この地で開催される「二木島祭」の中心的神事は、大漁旗や紅白で飾った二隻の関船《せきぶね》（早船）による勇壮な競漕「御舟漕ぎ」である。この関船は神武らの軍船の救助に向かう地元民の姿が再現されている。近年の人口減、殊に稚児や漕ぎ手となる若者の減少によって三百年続いた祭典も平成二十二年を最後に中断された。

兄たちが入水した後、熊野の荒坂津に漂着した神武であったが、この地の楯ヶ崎で丹敷戸畔《にしきとべ》という女王を誅した。このあたりのことは平安中期の歌人で僧の増基法師『いほぬし』にこう記されている。

たてが崎といふ所あり。かも（みィ）のたゝかひしたる所とて。たてをついたるやうなるいはほどもあり。

打浪に満くる汐のたゝかふをたてが崎とはいふにそ有ける

さらに筆者はこんなことを想像する。

嵐が鎮まった後、神武は必死になって船団の消息を調べ、地元の人々の支援を得ながら、離散した一族と新宮あたりで合流した。そして残された者たちとともに「熊野神邑《しんゆう》」の天磐盾《あまのいわたて》（熊野速玉大社末社の神倉神社）に登ったのではないか。

或いは、軍団の本隊こそ二木島に上陸したものの、一族の多数は広い範囲で漂流したに違いない。そのまま地元民に同化していった生存者の一部もいただろう。

天磐盾では、熊野の荒ぶる神が現れ、毒気を吐いて神武一行を萎えさせた（『古事記』では神の化身である「熊」が登場する）。この時、熊野の高倉下《たかくらじ》が布都御魂《ふつのみたま》という神剣を携えて神武のもとへ向かい、神武がその剣を受け取ると、気を失っていた一行は眠りから覚め、荒ぶる神々はその剣を揮わないうちに切り倒されてしまった。

その後、神武は高天原から降りてきた八咫烏《やたがらす》の先導で吉野を経、大和に入り、橿原で即位、大和国を平定した。

二木島の地に足を運び、この地の住民を思う時、さらにこんなことを考える。

熊野灘二木島沖の大嵐で遭難した神武一行が地元住民の決死の救難活動によって九死に一生を得たのだとすれば、当地の先祖たちはわが国の建国に大きな貢献をなしたのだと。

（「運河」二〇一六年十二月号）

クラ――その言葉の意味するもの

鎌倉時代初期に編纂された勅撰和歌集『新古今和歌集』（巻第七・神祇歌七三六）に、「くまのにまうで侍りける時かんのくらにて太政大臣従一位きはめぬることを思ひつづけてよみ侍りける／入道前太政大臣」と詞書を置かれた、

みくまのの神くらやまのいはただみのぼりはててもなほいのるかな

という歌が収められている。

この時代から新宮の神倉山《かみくらさん》が「カンノクラ」、「カミクラヤマ」と呼ばれていたことが分かる。民俗学者・野本寛一氏による『熊野山海民俗考』（人文書院、一九九〇年）では「神倉山」について、「『神倉』という名称も、本来は「神座」で、神の依る磐座《いわくら》たるゴトビキ岩を核とした山の呼称である」としている。つまり神を迎え祀る場としての磐座ということになる。

さらに『紀伊国続風土記』には、「倉は久良といふ借字にて、倉庫などの義にあらず」「この久良は険

しく聳えたる峰をいふ古語なり」とある。

もとより吉野・熊野では岩のことを「クラ」と呼んだ。例えば、羚羊は「クラシシ」であり、大台ヶ原の「大蛇嵓《だいじゃぐら》」は「嵓（イワ、ガン）」という字を「クラ」と読ませ、熊野古道・馬越《まごせ》峠のある尾鷲の「天狗倉山《てんぐらさん》」（テングラ）にも「クラ」がある。天保五年（一八三四）に苦労して大蛇嵓の上に立った紀州藩の学者・加納諸平《もろひら》の詩には「大蛇すむといふ岩倉」という言葉が見える。さらに、熊野市には天狗鍛治の伝承で知られる「大丹倉《おおにくら》」、紀和町には「矢倉《やくら》神社」がある。すべて「クラ」である。

柳田國男は「牟婁郡の村々には矢倉神社という小祀が多い。大抵社殿なく、古木又は岩を祀る。クラは方言で、峻嶮な処を意味し、ヤもイハ（岩・石・磐）の約」と記している。

*

聖域のシンボルとして、神籬（ひもろぎ＝神が天下る場所）、磐座（いわくら＝神の鎮座する所）、岩境（いわさか＝神の鎮座する区域）などの言葉があるが、これらは古来より人々がそこに神を感じ、霊力を感じた場所である。

霊力のある場所では、お願いをしない、触れない、温度・湿度を感じる、気圧を感じる、耳を澄まして聴く、匂いを感じる、風を感じる、感覚を開く、目前のものだけを見るという態度に徹する。神域では雑音を立てず、無駄話をやめ、無言で過ごすということだ。そうしなければ何がどう変化したのか感じ取ることができない。神の存在に気づくことができない。修験者たちは自然界のすべての霊魂を肌で感じ取り、どこが何もない場所か、どこからが人が立ち入ることのできない神域かを「風」で感じるという。

そもそも「磐座信仰」とは、わが国の古代における「石信仰」の一つとされている。熊野市の「産田神社」には神の座となる「石」に神を招き降ろし、そこで祭祀を行った「神籬《ひもろぎ》」の痕跡が遺されている。神の降臨に相応しい石を置き、神の座として固定したものだがこの神籬跡は相当古く、神社建築以前のものという。一方、考古学的見地から見て「磐座」が明らかな形で認められるのは、ずっと先の古墳時代に入ってからのこととされている。

（「運河」二〇一三年十一月号）

熊野の経塚──仏教の衰滅を恐れ

経典を永く後世に伝えるため、それを経筒などに入れて地中に納め、塚を築いたものを「経塚《きょうづか》」という。経石《きょういし》、瓦経《かわらぎょう》（「がぎょう」とも）なども埋納する。上に五輪塔などを建てることもある。日本最古の経塚は藤原道長の造営した「金峯山経塚」（金峯山寺蔵王堂付近）とされている。

十世紀末に日本で発生した仏教的作善《さぜん》行為の一種であるが、背景には平安後期から鎌倉時代に流行した「末法思想《まっぽうしそう》」がある。釈迦入滅後五十六億七千万年して弥勒菩薩が下生《げしょう》（出現）し、竜華樹《りゅうげじゅ》の下で説法する時に備え、それまで経典を永く後世に伝えるという意図が含まれる。この弥勒菩薩とは、釈尊の救いに洩れた衆生を悉く済度する未来仏である。

釈尊入滅後の仏教流布の期間は正法《しょうぼう》・像法《ぞうぼう》・末法の三期に分けられる。末法とは仏教の教えが廃れ、修行者は悟りを得られず、教法のみが残る期間をいう。この時期に入ると仏教が衰退するという予言である。これは当時の人々を大きな不安に陥らせたが、これにより却って経塚の埋納など仏教者の真剣な求道《ぐどう》を生み出したとも言える。

＊

新宮の神倉山上には「ごとびき岩」（ごとびきは蟾蜍《ひきがえる》のこと。「琴弾岩」とも）と呼ばれる巨岩が御神体として祀られている。この岩の根元を支える「袈裟岩」の周辺からも経塚が発見され、平安時代の多数の経筒が発掘された。さらにその下層からは銅鐸片や滑石《かっせき》製模造品が出土しているが、これは古代磐座信仰が神倉神社の起源であることを示すものだ。

また熊野市の「花の窟」は『日本書紀』にイザナミの墓所として記される史跡だが、ここもまた遥か未来にまで経典を保存する聖なる場所であった。

平安中期の歌僧・増基法師《ぞうきほうし》（中古三十六歌仙の一人）の『いほぬし（増基法師家集）』の記述からもそれは明らかである。『いほぬし』には、京都から中辺路を経、本宮に参詣し、本宮から新宮の御船島を経て、伊勢路を歩き、さらに花の窟を経、京都に帰る熊野詣の紀行文が記されている。一部を紹介する。

この浜の人（増基法師自身のこと）。はなのいはや（花の岩屋）のもとまでつきぬ。見ればやがて岩屋の山なる中をうがちて、經をこめ奉りたるなりけり。これはみろくぼとけの出給はんよにとり出てまつらんとする經なり。天人つねにくだりてくやうし奉るといふ。げに見奉れば、この世ににたる所にもあらず。そとばのこけにうづもれたるなどあり。かたはらにわうじの岩屋といふあり。たゝ松のかぎりある山也。その中にいとこきもみぢどもあり。無下に神の山と見ゆ。

大意を示す。私が花の窟に着いて見てみると、岩屋の山に穴を穿って、経を籠め奉っている。「これは世に弥勒菩薩がお現れになる時に取り出して奉ろうとする経である。天人が常に天から降りて供養し奉っている」という。なるほど見奉ると、この世には他に似ている場所もない。卒塔婆の苔に埋もれているものなどがある。傍らに王子の岩屋というのがある。ただ松だけが生えている山である。その中に、大層濃い紅葉などもある。本当の神の山に見える。

法《のり》こめてたつの朝《あした》をまつ程は秋の名こりそ久しかりける　　増基法師

歌意は、お経を穴に込めて弥勒菩薩がこの世にお立ちになる朝を待っているこの松林の付近は、久しく秋の名残りが残っていることだ、といったところか。

天津人いはほをなつる袂にや法のちりをはうちはらふ覧　　増基法師

天人が降りて経供養されるのを思って詠んだ歌である。天人が巌を撫でる袂で、お経に積もった塵を打ち払うのだろう、という歌意。この「天人」とはイザナミを指すものと思われる。

＊

経塚の築造には、先述の金峯山、神倉山、花の窟の他、那智山や本宮の備崎《そなえざき》（後述）などの特別な土地、すなわち霊地が選ばれた。

那智の滝に到る参道脇にも、平安末期以降に多くの経塚が営まれた。大正時代、那智の滝への参道口の左「沽池」と呼ばれる所から発見された経塚からは二千点に及ぶ仏教遺物が出土した。日本三大経塚（乗鞍・高野・那智）の一つとされるこの「那智経塚」は規模が大きく、平安から鎌倉、室町にわたって継続的に埋納が行われ、埋納品には飛鳥・白鳳時代に作られた古仏まである。

本宮大社の旧社地・大斎原《おおゆのはら》の熊野川対岸、「七越《ななこし》の峰」から張り出した尾根（ここを大峰奥駈道が通る）の先端部を備崎と言うが、平安時代から鎌倉時代にかけてここに経塚が造営された。「備崎経塚」という。ちなみに旧社地（大斎原）周辺では経塚などの埋蔵物の出土は無い。旧社地は熊野川・音無川・岩田川の三つの川の合流する中洲にあり、水害に晒されやすい不安定な場所にあったためだと思われる。

整理しておこう。経塚とは平安時代後期以降、末法思想の広がりを背景にして、仏教の衰滅を恐れた貴族や僧侶が法華経などの経巻を経筒に入れ、仏具類とともに地中に埋蔵した仏教遺跡である。いわゆる「写経供養」の一形態であり、慈覚大師円仁（七九四―八六四）が創始者とされるが確証はない。

今日知られている最も古い経塚は藤原道長が一〇〇七年（寛弘四）に奈良の金峰山に埋納したもので、発見された経巻や経筒は『御堂関白記』の記事と一致している。埋めたのは紺紙金字の法華経（開結とも）、阿弥陀経、弥勒経、般若心経などである。これらの経巻が「竜華《りゅうげ》の晨《あした》」、すなわち五十六億七千万年の後、弥勒が世に出る時まで伝えられることを念じている。

熊野における経塚造営の流行期と熊野詣が盛んになり始めた時期とは重なっている。このことから経塚の造設は熊野詣の目的の一つでもあった。

（「運河」二〇一七年五月号）

薩摩硫黄島の熊野信仰――はるかなる時空

熊野から遥か遠方、薩南諸島に浮かぶ小さな島・薩摩硫黄島《いおうじま》（鹿児島県三島村）に伝わる熊野信仰の話である。太平洋戦争末期に日米間で激しい戦いが行われた東京都小笠原諸島の硫黄島《いおうとう》のことではない。

治承《じしょう》元年（一一七七）、平清盛は鹿ヶ谷《しかがたに》荘（鹿ヶ谷は京都市左京区大文字山の西麓にある地名）における丹波少将藤原成経《なりつね》、平判官康頼《やすより》、大僧都俊寛《しゅんかん》らによる平氏打倒の陰謀を知り、三人を「鬼界ヶ島《きかいがしま》」（現・薩摩硫黄島）に流刑する。

ところがその翌年、中宮徳子の安産祈願の大赦により、成経・康頼の二人は赦免、俊寛は赦されなかった。流刑から一年後のことである。島に残された俊寛は治承三年（一一七九）、三十七歳で亡くなるが、島の人々は俊寛の死を哀れみ、その居住跡に御祈大明神社「俊寛堂」を建てた。

『平家物語』によると、成経と康頼の二人だけが帰洛を赦されたのは、この硫黄島に熊野三山を勧請したためとされる。二人は過去に熊野三山参詣の実績があったが、俊寛だけは参っていなかった。成経は後白河院の十二回目の御幸にも供奉するなど過去何度も熊野詣に従っていた。つまり成経は熊野三山の位置地形を熟知しており、都に還りたい一心から熊野三山をこの島に勧請したのである。帰洛後は後白河院に召し抱えられ、参議にまで昇ることになった。

硫黄島に熊野三山を勧請し、やがて都に帰るという大願を成就した二人だが、このような具体的なご利益のあった話は他に聞かない。

*

ところで、『平家物語』は軍記物語であり、かねてより資料的価値は低いとされていた。琵琶法師らによって語り継がれた「語り本」としての『平家物語』は都の作者の手による虚構色が濃い。しかし「読み本」系統に属する「延慶本《えんぎょう》　平家物語」の記述を解読して現地硫黄島の地形を分析することにより、実際に平安末期の硫黄島に熊野三山が勧請された可能性はかなり高い。軍記・歴史叙述が専門の國學院大學・野中哲照《てつしょう》教授は「延慶本は資料的価値が高く、熊野三山勧請は史実である」と強調している。

硫黄島には、長浜川の河口に熊野神社、川の屈曲部に俊寛堂、山間部には大雨の降った時にしか現れない滝がある。熊野三山に当てはめると、それぞれ順に新宮・本宮・那智と地形的に似た場所にあるというのだ。

つまり、熊野神社のある長浜川の河口部は、熊野川河口（海浜部）にある熊野速玉大社に相当する。俊寛堂のある長浜川上流の屈曲部の中洲は地形的に大斎原に酷似している。そして硫黄島には「那智の滝」と名付けられた滝がある。薩摩硫黄島には「もう一つの熊野三山」が存在すると言ってよい。

野中氏は幾度も現地に赴き、その立地条件の一致を確認している。流刑された彼らが熊野三山の地形や配置と似た硫黄島の地域を探し当て、意図的にここに勧請したのではないかと氏は推察している。

さらに、彼らの居住地から俊寛堂に入る道の付き方は、熊野の発心門王子→伏拝王子→祓戸王子を経て大斎原への行程と酷似しており、過去に熊野三山を巡った彼らがこの道を作った可能性があるという。また三人が居住した「島の北側で、海に面し、巨岩のある所」（延慶本）を現地の「大谷《ウータン》」と比定した。ここには今も「平家城跡」があり、島の椿山の中には島内の熊野三山を巡拝したと思われる道も残されている。この道もまた硫黄島版「熊野古道」であり、平安末期の時空を超えた熊野信仰の広がりを示唆するものと言えよう。

以下補足。それから数年後の文治《ぶんじ》元年（一一八五）三月二十五日、長門壇の浦・源平の一大決戦で平家は滅び去った。この時、二位の尼に抱かれて入水したはずの安徳帝がこの薩摩硫黄島に逃げ延びたという伝承がある。

安徳帝は後年、平資盛《すけもり》の娘・櫛匣《くしげ》の局を后とし、隆盛親王が誕生した。その子孫が硫黄島に住む現在の長濱家とされる。またこの島の熊野神社は「硫黄大権現宮」と呼ばれ、安徳帝晩年の皇居跡とされる。歴史上、八歳で崩御したとされる安徳帝だが、この島で六十六歳で生涯を閉じたと伝えられている。

（「運河」二〇一五年十一月号）

懸　造——海と山、その信仰のつながり

神倉神社は新宮市千穂ヶ峰の権現山に祀られ、熊野三山の一つである熊野速玉大社の摂社である。御神体は巨岩「ごとびき岩」であるが、山懐には高倉下命《たかくらじのみこと》と天照大神を祀る小さな神殿が据えられてある。あまり知られていないことだが、明治十三年までごとびき岩の東面にこの神殿を覆うように巨大な拝殿（本堂）が存在した。山がちで平地の少ない土地を克服するために生み出された日本独特の建築様式「懸造《かけづくり》」の拝殿である。

ところが明治十三年の台風で拝殿は倒壊、山麓の「ひょうたん池」に落下した。速玉大社にはその際の大きな欄干が数枚残されており、拝殿の規模を彷彿とさせるものである。

また、ごとびき岩周辺には当時の岩盤がそのまま露出しており、本堂懸造遺構の礎石の大半が残されている。これを利用して今一度この本堂を再建しようという話もある。

懸造という建築様式は、急峻な崖や山の斜面にある建物を支えるべく床下に貫《ぬき》を縦横に通して柱を緊結（格子組み）し、柱上に台輪（土台）を置き、その上に本体を建てるもの。懸崖造《けんがいづくり》、崖造《がけづくり》ともいい、

こうした社殿だけの建築様式ではない。

寺院の場合、仏や観音像を岩屋や崖などに安置することが多いためそこに御堂を建てて祀れば、必然的に懸造になってゆく。懸造は段状の敷地や通常の傾斜地、河岸に作られることもあれば、江戸時代には浜地や堤防上の町家などにも使われることもあった。

寺院では、京都の清水寺本堂や奈良県室生寺金堂、鳥取県三朝《みささ》町の三仏寺《さんぶつじ》投入堂《なげいれどう》などの懸造が有名である。奈良でよく知られたものは東大寺二月堂、談山《たんざん》神社拝殿の懸造であろうか。

清水寺の懸造を知らぬ者はないだろうが、この寺の本堂には観世音菩薩が本尊として祀られている。経典によればこの菩薩は南海の普陀洛山中に住むとされるため、観音堂は普陀洛山に肖《あやか》って山の中腹に建てられる。これにより床下を高めて懸造になる例が多いというわけだ。

三仏寺投入堂もまた蔵王権現を祀るために岩窟の傾斜地に懸造で建てられている。

さらに、懸造と言えば、芭蕉の「閑さや岩にしみ入る蟬の声」で知られる山形県の宝珠山立石寺《りっしゃくじ》を思い出す。釈迦ヶ峰の頂上、釈迦ヶ岩の急峻な岩場に建つ「釈迦堂」である。むろんここは一般人の立ち入りは許されず、修行僧のみ立ち入ることが出来る修練の場である。

＊

懸造はわが国で考案された建築様式で大陸には見られない。我々の祖先は木を熟知し、それを自由に扱える技術を早くから身につけていたのである。

そして特筆すべきは、山中の懸造は海を大きく意識しているということだ。

神倉山のごとびき岩は山岳信仰の拠点であるとともに海が見える場所にある。逆に捉えれば、海からはごとびき岩も、かつて存在した大社殿も見えていたのである。

さらにもう一つの熊野三山・那智の滝もかつて山岳信仰の拠点であり、現在も海からは一条の銀線として遠望できる。両所とも海からの視認が容易であり、海上の船が自分の位置を知る「山当て」であったことは言うまでもない。

では、夜間はどうであったか？

古の時代より、夕刻から夜になると、熊野の両所に煌々たる常夜灯が点されていただろう。ごとびき岩の拝殿にも海から見える灯りが点され、那智の滝口近傍の山中にも常夜灯を点す建築物があったに違いない。

そう推察し得るのは、拝殿（またはお堂）から突き出すように備え付けられた常夜灯は、日本各地の懸造建築物に見られるからである。

懸造という建築工法を思う時、海上交通の山当てのみならず、海と山の信仰との深いつながりがそこにあったことを見逃してなるまい。

（「運河」二〇一六年十一月号）

国阿上人と北野殿――熊野のミステリーに迫る

はじめに――時宗と一遍のこと

平安時代から鎌倉時代の初め頃（十一～十三世紀）の熊野詣の様子を記した記録「参詣記」は数多く残されている。時の天皇・上皇・女院・公家らが熊野を複数回訪れ、貴族らのいわば「日記」のように書き留められていたからである。

しかし、その後の南北朝時代から室町時代（十四～十五世紀）における中世後期の熊野参詣についての記録は少なく、熊野のミステリーの一つとされてきた。

中世後期は「蟻の熊野詣」と称されるほど多くの人が熊野を目指し始めた時代であったにも関わらず、その記録が少ないのはこの時代の熊野詣の主役は武士や庶民たちであり、彼らは旅の記録をあまり残さなかったからである。

そういった中での数少ない中世後期の熊野詣の記録として、『国阿《こくあ》上人絵伝』、北野殿《きたのどの》『熊野詣日記』

は貴重である。これらを中心に当時の熊野詣について思いを馳せてみたい。

本論に入る前に、時宗と一遍上人について少し触れておく。日本浄土教の一派である時宗は一遍上人（一二三九―一二八九）によって一二七二年に開宗された。遊行《ゆぎょう》・賦算《ふさん》・踊念仏《おどり》が特徴である。遊行は「諸国巡り」、賦算は時宗独特の行事「念仏札配り」、踊念仏は太鼓や鉦を打ち、念仏・和讃を高唱する所作が踊るのに似るための名称である。

『一遍聖絵《ひじりえ》』には、一遍が熊野の僧と出会って札を受け取らせようとするやり取り、本宮社頭で山伏の姿をした熊野権現から神託を受ける場面などが描かれている。これはまさに本宮が時宗の聖地であることを示すものである。

神託を受けて以降の一遍は十六年間全国を遊行し、生涯自分の寺を持たず、漂泊の身のままであった。臨終に当たって一切の記録や経典を焼き捨てたことはよく知られている。

熊野参詣道における時宗の拠点は、藤代、御坊の他、熊野では万歳《ばんぜ》峠、湯峰といった所である。この万歳峠は『紀伊国続風土記』には「番西峠」と記され、熊野古道「小雲取越」に平行に走る尾根沿いの古道である。小雲取より時代は古く、古道としての価値は高いとされ、最近ここを訪れる人が多い。本宮町大津荷《おおつが》と熊野川町志古《しこ》を結ぶこの古道は西行が「志古の山路」と歌に詠み、峠の下には一遍の真蹟とされる六字名号碑がある。高さ一メートルほどの自然石に「南無阿弥陀仏」と流麗な書体で刻印されている。

また万歳峠でその存在が未確認であった「椎の木地蔵」が近年、小石に埋まった形で発見され話題となった。

湯峰温泉には、本宮大社での百日の行の末に霊験を得た一遍が経文を爪で刻み込んだとされる「一遍上人名号碑」（爪書き岩、または磨崖名号碑）がある。自然露出した巨大な岩盤に梵字の名号を大書した史跡である。しかし一三六五年の銘があることにより実際は一遍没後数十年を経、別の時宗僧によって刻まれたもののようである。現在、和歌山県内に時宗寺院は二ヶ寺のみ。本山は藤沢市の清浄光寺《しょうじょうこうじ》にある。

一．国阿《こくあ》上人――『国阿上人絵伝』より

国阿上人（一三一四―一四〇五）は南北朝から室町時代の、一遍の流れを汲む時宗僧である。室町時代は時衆、江戸時代からは時宗と記載されている。

正和《しょうわ》三年（一三一四）、国阿は足利氏支族（分家）の子として播磨に生まれる。石塔《いしどう》頼茂の子とされるから武家出身ということになる。

十一歳から播磨の書寫山圓教寺《えんきょうじ》で天台を学ぶ。十八歳で僧侶となるが、これは当時の超エリートコースだ。三十四歳で諸国遊行の旅に出、旅先で出会った遊行七代・託阿《たくが》上人の弟子となって時宗に転じる。この時に「国阿弥陀仏」と名告る。

その三年後、霊仏霊社を巡礼するため託阿と離れ、丹波・丹後・但馬等の諸国を遊行、五十二歳で鎌倉にある一遍上人の廟所を拝し、摂津の寺を中興、永和元年（一三七五）には六十二歳で熊野詣を行い、その後に伊勢参宮を行っている。

永徳三年に京都に入り、東山の正法寺《しょうぼうじ》、双林寺で布教に当たった。時宗十二派「霊山派《りょうぜん》」「国阿派」の祖とされる。

応永十二年九月十一日死去。九十一歳。俗名は石塔国明。法名は随心。通称は国阿上人。別号に真空。

さて、『国阿上人絵伝』は永正十年(一五一三)の年記が施されているが、原本成立年は不明である。写本の訳書として存在するのみである。原本はおそらく『霊山国阿上人縁起絵《りようぜん》』が基とされるが、文明十九年(一四八七)に紛失、新調したという記録がある。ちなみに先の『一遍聖絵』には「絵」が残されているが、『国阿上人絵伝』には残されていない。

『国阿上人絵伝』には次の記述がある。

かくて紀州にいたり、名草郡紀三井寺の救世《ぐぜ》観音菩薩を順礼し、藤代御坂をのほり給ふ、此処に熊野権現の一鳥井あり、(中略)それより鹿《しし》か峠(現在の鹿が瀬《ししせ》峠)、原の谷、塩屋峠なと過て、岩代王子といふ社あり、むかし有馬皇子《ありまのみこ》祈願ありて、松か枝を引きむすひ、真幸あらハ、又かへりみむと、詠せしふることおもひつらねて哀なり、切目といふ所ハ、うしろは山、まへハ海にて風景たくひなき所也、八十二代後鳥羽院二十四度熊野へ詣給ひしかハ、此地に行宮つくらせ給ひておはせしとなり、見那辺《みなべ》峠といふ難所を過て、田那辺《たなべ》と云所まで二里計《ばかり》平地の道也、塩見峠、鹿か坂、金《かな》か坂(現在の三越峠)といふハ、第一の険難也、伏拝と云所ハ、和泉式部詣けるに、此所にて月の障となるそ哀しきとよみしかは、権現現し給ひて塵にましハる我なれは、月のさはりハ何か苦しき、と御返歌ありて、参せし所也、扨《さて》本宮の石田河《いわた》に垢離をかきて、社前へそ参り給ひぬ……

文中の「松か枝を引きむすひ、真幸あらハ、又かへりみむと、詠せしふること」とは、藤代で絞殺された有馬皇子が岩代（磐代）で詠んだ、

磐代の浜松が枝を引き結び真幸《まさき》くあらばまた還り見む　　有馬皇子

の歌のことである。また伏拝で月の障りとなった和泉式部のことなどにも触れている。ここから読み取れる国阿の行程は、紀三井寺―藤代坂―鹿か峠―原の谷―塩屋峠―岩代王子―切目―南部―田辺―塩見峠―鹿か坂―金か坂―伏拝―本宮ということになる。

そして、音無川（熊野川）を下り、新宮―那智―那智瀧―妙法山、そしてその後伊勢へと向かっている。国阿は那智山で出会った山伏により「杖と木履《ぼくり》」を授かり、「神通自在の身」となるが、その経緯は次の通りである。

同じく『国阿上人絵伝』より。

新宮より四里二十八町、平地の道を通り、奈智山（那智山）権現へそ参り給ふ、（中略）丹念に念し奉しかは、一七日に満する暁、空かきくもり、雨そそしきに、山伏のまみへていはく、「衆生の災となる邪義の欲心をふかく祈る者には、名利をあたへむ道なし、浄あれは不浄もなくて不叶、縦重服の人たりとも。心正直なる者には慈悲加祐して守らすといふ事なし」と示し給ひ、木履と杖とをあたへて、是にて修行利益し給へと、行方しらす成ける、聖此木履と杖とを頂戴してより、神通自在の身と

成り侍る……

この木履は東山の正法寺に現存するが、国阿が実際にこれを履いたことはなかったようだ。国阿はその後、那智瀧、妙法山へと足を運び、妙法山の阿弥陀寺では童子と出会い、人の怒りや欲望を抑えるという茶を頂く場面などが記されている。

冒頭で記したように、時宗を開いた一遍は熊野権現から神託を受け、本宮を重視した。一方、国阿は那智山の山伏から神通力を得、那智を重視した。しかも国阿は先述の通り、その後伊勢に向かい、伊勢参宮を行っている（後述）。

二 北野殿――『熊野詣日記』より

北野殿《きたのどの》は室町幕府第三代将軍足利義満の側室・愛妾である。義満の存命中は「西御所」と称されたが、義満没後は京都の北野高橋の邸宅に住んだことから「北野殿」「高橋殿」と呼ばれていた。姿美しく、機転が利き、酒に強かったことから義満の寵愛を受け、義満の地方旅行にもしばしば同行した。そのため幕府内でも大きな権勢を振るったとされる。出自は明らかでないが、世阿弥の『申楽談儀』には、過去に「東洞院の傾城（遊女）」であったと記されている。

北野殿『熊野詣日記』は一四二七年（応永三十四）八月から九月にかけ、北野殿と二人の娘・南御所（大慈院聖久)、今御所(大慈院聖紹)が二十日間にわたり行った熊野参詣を、先達を務めた住心院実意が往路帰路をまとめた室町時代唯一の記録である。

行程は次の通り。( )は筆者の補足・参考事項。

八月

二十日 精進屋—鳥羽(洛外)—渡辺—窪津王子(熊野第一王子社・天満橋)—律院(泊)

二十一日 天王寺—住吉社—堺—国府《こくふ》(和泉市)(泊)

二十二日 佐野—樫井王子(泉佐野市)—山中—川辺(垢離)—和佐峠(休憩)—山東《さんど》(泊)(和歌山市)

二十三日 藤代峠(海南市)—糸我坂《いとが》—逆川王子《さかさがわ》(湯浅)—広《ひろ》(湯浅)(泊)

二十四日 鹿瀬峠《ししのせ》(有田郡広川町)—内畑王子《うちのはた》—槌王子《つちの》—塩屋浜(塩屋王子)(御坊市)—上野王子(泊)(御坊市)

二十五日 津井ノ浜(有田市)—切目王子(日高郡印南町《いなみ》)—岩代王子(日高郡みなべ町)—貝王子(千里王子)(みなべ町)—三鍋王子《みなべ》—田部《たなべ》(泊)(田辺市)

この北野殿『熊野詣日記』には、道中に起こったさまざまな出来事や沿道の伝承、儀礼などが詳細に記されている。八月二十五日の記録を抜粋する。

廿五日天晴

ついの浜にて御こやしなひ、

切目の王子（五躰王子）の御奉幣、御神楽例のことし、ちはやたくせんにたふ、北野殿の御むしかさのうへなる、四手とりて、御小先達にわたす、これをとりて宝前の木の枝につく、次々の御むしの四手たてまつる、山ふしのおの〳〵とる

補陀落のふしおかみにて御はらへあり

岩代の王子の御前にて、海士二人海に入らる、御かたひらそめ物（帷子染物）下さる、此王子御前にて御拝の時は、御先達ならひに御導師以下供奉の人々の名字を書て、拝殿の板に打付らるゝ事あり、この御まいりの時、一度申さたすへし、貝の王子の御まへにて、御下輿ありて、まさこ（真砂）の中にましれる（混じれる）貝御ひろひ（拾ひ）ありて、王子にまいらせらる、御ひる三鍋「御まうけおく、こほり（郡）の守護代中村、黒木の御所をたてたり、御氷場あり」、山本御むかへ（迎え）にまいる、かも山（加茂山）の関の事、中村にかたく仰付らるへきよし申す、其次第おほせらるゝによりて、わざと人をこして申つかはす、はねたのほら（埴田洞）にて、いつもの御佳例あるによりて山ふし（山伏）とも御さきにまゐりて、海きは（海際）なれは、前栽なと（前庭など）つくりて、松をひきうへ（植え）、草花をうけしなとしたれは、目出くおほへて、いはひたてまつらんかために、

とき葉なる松をためしと神やしるわか君々の千とせ万代

かやうに短冊に書て松に付侍る、されとも雨によりて御立よりなければ、その興なし

多くの守護や奉公衆などが北野殿のお世話や饗応をしたこと、関の管理、案内役であった山伏らによる修験道の影響、埴田洞《はねたのほら》といった地名、そこで折角書いた短冊や準備したもてなしも天気が悪くて、いたく興醒めした様子など非常に興味深い。続きを示そう。

二十六日　稲葉根王子（上富田町）―一ノ瀬王子（上富田町）―滝尻王子（中辺路）―高原《たかはら》（泊）（中辺路）
二十七日　近露（中辺路）―湯川（泊）（本宮町）
二十八日　発心門―祓殿（祓戸王子）―鳥居の辻―本宮―湯峰―本宮（泊）
二十九日　本宮―御妹《みもと》（川丈街道）―乙基《おとも》の渡し―新宮（泊）

八月二十六日の記録を抜粋する。

　廿六日天晴
「七瀬川こよひの雨に水まさりてわたる事たやすからす」
いなはね（五躰王子）の王子の御神楽、御奉幣つねのことし、ちはやたくせんに下さる
御ひる一の瀬「御まうけ山本、宿所御所になる」川のうへに御氷場をつくりかけたり、其風情こそいとやさしく侍れ、まつ御所に御入、供御の後、御氷場に御出ありて、御氷めさる、いわた川（岩田川）の御氷これなり、昔は御幸なとには三の瀬にてめされけるやらん、まこつくしの松とていま（今）にあり、大かたは此一の瀬より二の瀬三の瀬、ちきに（直に）御わたりあるへきなり、されともいまは

川の瀬も昔にかはりて、わたる事なければ其儀なし、御わたりありて、悪業煩悩の垢をすゝきましますいはれなり、女院なとの御まいりにも、ちきに此川をはわたりましましけるとかや、御手を引事斟酌なれば、しろき（白き）布を二たんむすひ（結び）あはせて、ゆいめ（結目）にとりつかせたてまつる、布の左右を、しかるへき殿上人、あまたいひかへてわたしたてまつる、上らふ女房御そは（側）にそひて、布にとり付て御とも申されけるとなり、御氷場にて御さか月三献の後、御立、此所より山中の御兵士済々なり、まいらする方々、山本、はしの湯川、あたき（安宅）、すさみ（周参見）なりよろひ（鎧）たるものそのかす（数）をしらす

ここでは御氷の取り方が詳細に記されるばかりで、垢離の詳細は不分明であるが、高貴な女性たちによる一大旅行であり、美麗な行装であったことが分かる。またこの場における「御さか月三献」という北野殿の大酒家ぶりも面白い。こうして道すがら酒を飲むことが当時の熊野詣の習わしではない。女傑・北野殿にとっての熊野への旅が極めて遊興的であったということである。

さらに同じく八月二十六日、室町将軍直属であった「女院」のことや、女院の付き人である「女房」の振る舞い、本宮周辺の衆徒の存在などについても触れられている。

さらに滝尻王子での記録を繙く。

瀧尻の（五たい皇子）王子御奉幣、御神楽つねのことし、しやうそくたくせんに下さる、北野殿さま、此たひ（此度）御とし（御年）のつもりに御くたひれなれは（くたびれなれば）、いさゝか御のほりありて、

やかて御こし（御輿）にめされん事は、いかゝあるへきよし、たつね（尋ね）下さる、これ子細あるへからす、昔ある人、陸奥国より七度まいるへきよし願をたて、、六度はまいりたれとも、いまはとし（年）老て、くるし（苦し）かりけれは、いま一度まいらん事もかなひかたし（叶ひ難し）、此事をなけくに（歎くに）、ある夜の夢に権現のしめしたまふ

道遠しほどもはるかに隔たれり思ひおこせよわれも忘れじ

此哥は新古今に入られたり、それには三度の願とみゆ
なけく事なかれと、あらたに示現を蒙りしかは、貴くおほえて、いよ〳〵信仰のおもひをましけるとなん、心さしあるをは、権現もあはれみ（哀れみ）ましまず事しかのことし、十三度きて、御まいり神もなをさりにやおほしめさん、されは、御ゆるされなくてしもやは侍るへき、たゝ御輿にめさるへきよし、申によりてめさるゝ物なり、御輿かき五六人、あせ水になりてかきさゝけたてまつる

滝尻王子辺りに差しかかった北野殿は疲労により歩けなくなった。輿に乗って移動するのだが、これもまた「権現のお示しにより問題ない」とする場面が微笑ましい。篤い信仰と志があれば輿での移動も問題なしというわけだ。

次に、熊野川下りの場面。

廿九日雨くたる

河うちより関の事、御左右いまた申さねとも、まつ御いてありて、御舟にめされて御下ある処に、雨にあしつよく（強く）、風も吹いてたり、およそ違乱なり、ここに舟さし、をのかとちいかり（怒り）をなす事ありて、刀をぬきあはせり、人々なたむる（宥むる）によりてしつまりぬ（鎮まりぬ）、ふてき第一の奴原おもてをふる事なし、みもと（御妹）にて御舟をととむ（留む）、御こやしなひ（小養ひ：食事）のためなり、この所は後白川の法皇の御まいりの時、川の汀にあかき（赤き）袴きたる女房たち（立ち）たり、法皇この所の名をはいかか申すそと、おたつね（お尋ね）あれは、

有漏よりも無漏に入ぬる道なれはこれそ仏のみもとなりけり

かやうに申てかきけつやうに失たり、それよりみもとゝは申とかや、これは法皇しやうしんの権現を拝し給へきよし、御祈念の時、御夢想の告ありて、女躰にあらはれまし〳〵て、此所にて御拝見ありけるとなん、御船よりあけまいらせて、御こやしないあるへかりしを、雨風もすさましけれは、たゝ（只）御舟をはやめて、新宮に御つき（着き）あるへきよし申て、御船をくたし（下し）たり、しかるにいく程なくて、難風たちまちにきたる、大方生涯のきはまりなり、御御船をとゝめてあけたてまつらんとすれは、いはほそひ（巌沿い）にてよるに所なし、ゆくすゑの山さきをみれは、風木をしほりてもみあへり、さらぬたにあやうき（危うき）すき舟の、わつか（僅か）なるうへに、屋形をうちてその上にあまかわをかけたれは、風のあつる事、たとへをとるに物なし、たとひいつくに御舟をよせてあけたてまつるとも、巖の上にては御事をそんせられぬへけれは、たゝ（只）権現をふかくたのみ（恃み）たてまつりて、御舟をくたす（下す）にまかせたり、されとも程なく新宮の地につきぬ、いつも

御あかりある所よりは、十八町こなたに、おと、のわたり（乙基の渡り、「おとも」とも）と申所よりあけたてまつる、そのしき（色）こと葉もおよひかたし、めし（召）の御船つきて後、ふしき（不思議）の風ありて、御舟のあかりつるわたりにて、よその道者の舟、うちかへして人あまた失侍り、しかるに御共の人、すゑ〳〵まて（末々まで）いく千万か侍るらんに、はいの日とりにてもつゝかなき事（恙なき事）、希代のふしきなり、浪もたゝす、風もふかさりせは、かほとに神慮のいちしるき事をは、よもしり侍らし（以下略）

衆徒の関所手配の一件から「舟さし」の怒りが爆発した抜刀事件、暴風雨の中を舟で熊野川を下る様子が克明に描かれている。一行は「御妹《みもと》」で舟を留め「こやしなひ」を行った。ここで後白河法皇の「有漏無漏」の歌を紹介した上で、「みもと」という名は「仏のみもと」に由来するものと記す。暴風雨の災いは権現に深く祈ることで難を逃れたものの、他所から来た道者の舟はことごとく転覆した。これを「希代のふしき」「神慮のいちしるき事」と記している。

九月に入ってからの日程は次の通りである。

九月

一日　新宮―飛鳥社（阿須賀神社）―浜の宮（那智浜）―那智（泊）
二日　那智―浜の宮―佐野の松原―神の蔵（新宮神倉神社）―新宮
三日　新宮―田長《たなご》（熊野川町）―あなくち―本宮（泊）

四日　本宮—発心門—川湯—高原（泊）
五日　一ノ瀬—埴田—三鍋（泊）
六日　津井ノ浜—切目王子
七日　橘本《きつもと》王子（海南市）—藤代峠—山東（泊）
八日　山中—行基の池（狭山市）—国府（泊）
九日　住吉の浜—天王寺—森口（守口市）（泊）
十日　八幡—鳥羽（洛南）—稲荷《いなり》（伏見）—御所

那智での場面を見てみよう。

一日天晴

（略）此所に那智の御師の坊あり、これにていつも御まうけあり、入御の後、やかて御たち、橋本にてはしめたる御方〳〵川氷さめる、こゝに橋勧進の尼の心さしふかきあり、権現より夢の告とかやありて、給たる阿弥陀の名号をもちたり、人信心をおこしておかみ（拝み）たてまつれは、名号の六字の中より、御舎利の涌いてましますよし、この年月申あへり、このたひこれをおかみたてまつるに、けふもあわつふ（粟粒）のことく、しろき（白き）ものゝ忽然としてあまた出現せり、いかさまにもふしき（不思議）の事、あるやうある物をや、夜に入て後、那智の御山に着まします、こよひは御奉幣なしここでは那智の橋本の尼との不思議な出会いと奇譚が語られている。

このあと、「二日天晴」に続き、次は、新宮から本宮へと向かう川上りの記録。

三日天晴

（略）御河のほり（上り）、けふは日もよく風ものとか（長閑）なり、たなこ（田長）にて本宮の堂下衆徒の折帋（折紙）を以て申子細あり、関〳〵の事なり、そのあいた河原にて御小養あり、御こせんたちをもて、衆徒の中に事のよし申おくる所に、やかてしさゐ（仔細）なきよし御返事申入、御こやしなひはて丶、御船にめさる丶、あなくちといふ所より上の河原に長床御さかむかへ（坂迎）いつものことし、数献の用意なりしかとも、日くれ侍るほとに、三献にてやかて御たち、一里はかりは夜船なり、六の半時に御まへの津に御着ありて、すくに御社に参御、（中略）これより御宿坊に遷御、長床の衆四人に、御小袖おの〳〵一かさね下さる、北野殿よりは御あしいつものことし、屋かた船三そうの船さし、みなく染物たふ（賜ふ）、めし（召）の御舟さし鬼太郎には、一きわ下さる

以上、本宮衆徒のこと、関所のことに触れ、「あなくち」という地名、最後は夜船となったこと、「舟さし」への褒美のことなどが記されている。

帰路、九月六日の切目王子の場面ではこんな記載がある。

六日陰天

（略）切目（五躰王子）の王子の御まゐにて、御けしやう（化粧）の具まいる「まめのこ（豆の粉）なり」御ひたい（額）御はなのさき（鼻の先）、左右の御ほうさき（頬先）、御おとかひ（頤）等にぬりまし〳〵て、まさに王子の御まへをとほらせ（通らせ）給時は、いなり（稲荷）の氏子こう〳〵とおほせ（仰せ）らるへきよし、申入

この記述より、当時の切目王子では豆の粉で化粧をして通るしきたりがあったことが分かる。

こうして北野殿の二十日間にわたる熊野詣の旅が終わるが、その特色は、女性中心の遊興的な団体旅行であり、行装も美麗であったということ。道中は多くの守護の衆徒、奉公衆、山伏などが彼女たちの世話や饗応をしたということ。北野殿に関しては道すがらしばしば酒を飲んでいた、等である。

この北野殿『熊野詣日記』から当時の女性たちの熊野参詣の文化や精神、室町期の地方の様子を見出すことができ、都に暮らす高貴な女性や尼たちが熊野詣を追体験、享受できる書物であった。

なお、引用した『熊野詣日記』は、清水章博氏がワープロ化したものに拠った。

おわりに――伊勢・熊野参詣の端緒

北野殿がこうした熊野詣を行っている同じ頃、足利義満は僧形のまま伊勢神宮参拝を強行した。義満

将軍の行動に対し、吉田神社の神祇官人・吉田兼敦《かねあつ》は『吉田家日次記《ひなみき》』の中で、次の通り大いに憤慨している。

一説には、国阿参詣の徴なり、此の仁、参入の毎度、奇異あり、彼の免許を蒙る時、浄否を謂はず、参入と云々。先代未聞の事か。（中略）而るに「権女」の命に依りて、禁遏《きんあつ》に拘らずと云々、神慮尤も恐れあるか

この一文の中の「権女」とは北野殿であることは言うまでもない。将軍の伊勢参宮と愛妾・北野殿の熊野詣は連動しており、それぞれ役割分担をしていたかのようである。兼敦はそのことに怒っているのだ。また本稿の国阿上人の項で、「国阿は六十二歳で熊野詣を行い、その後に伊勢参宮を行っている」と記した点についてであるが、次のことが言える。

那智の山伏から神通力を得、熊野参詣後、伊勢参宮を行った国阿であったが、国阿への信望の厚かった北野殿は将軍の伊勢参宮と自身の熊野詣によって国阿の参詣の在り方を八十年後に後押ししてみせたのである。

後世、江戸時代における参詣は伊勢をメインとし、その後、熊野・高野を併せて参る形式が一般的となったが、中世後期にそれはあり得ないことであった。義満と北野殿はおそらく策略的に分担してこれを遂行したのである。

この時代における一遍、国阿、北野殿という一連の流れは、まさに江戸時代以降の参詣形式（伊勢神

宮→熊野三山）の端緒となった。「そうか、神仏両方に参ってもいいんだ」という通念を庶民に植え付けたわけである。

最後に、北野殿『熊野詣日記』の新宮での記述を見てみよう。

　十月一日天晴
辰の半時に御奉幣（ほうべい）次第、例のことし、此御やしろ（社）たち□ありさま、いとけたかく（気高う）侍る、垂跡を本として大神宮□躰也、

熊野速玉神社の社殿を称え、「大神宮」（＝伊勢神宮）と「同躰也」と記し、伊勢と新宮を同一神として両者を強くつなげようとしていることが分かる。駄目押しである。

（「運河」二〇一六年六月号）

江戸時代の熊野古道「伊勢路」――服部嵐雪と鈴木牧之のことなど

江戸時代、人々は伊勢参宮を経て熊野三山詣、次いで、西国三十三所巡礼を行った。時間的・金銭的な余裕のある人はその後、四国八十八所巡り（遍路）、次いで大坂・京都の名刹巡り、さらに長野の善光寺まで足を運んだ。

当時財力を持って来た全国の農民たちが農閑期のうちに巡礼の旅に出たのである。「伊勢講」のように成人になった若者を伊勢神宮に詣でさせるパック旅行のような形式も流行した。「富士講」「浅間講」も同様である。こうした長旅が可能となった理由として次の二点を踏まえておきたい。

一つは、江戸幕府の令により五街道が整備され、同時に牛馬用蹄鉄技術が進んだこと。鎌倉時代には牛馬に藁沓を履かせ、宿に着くたびそれを履き替えさせていたが、その手間が掛からなくなったのである。二つ目は、各宿駅で両替（手形）ができるようになったことである。道中では数両ずつの金貨を持ち、随所で銭貨相場を確認して両替するシステムで、多額の現金を持ち歩かずに済んだ。

さて、お伊勢参りである。

最初に訪れるのは外宮。ここは豊受大御神が祀られているから、大まかに言えば五穀豊穣を祈る。次いで内宮。ここは日の神・天照大神が祀られているから、天地安寧、天候などを祈る。こうして伊勢参宮を済ませた者は初瀬《はせ》街道と熊野街道伊勢路の分岐点である田丸（三重県玉城町田丸）で死装束に着替える。

表の神「お伊勢さん」（顕国）ではきちんとした格好でお参りし、その後「精進落し」と称して古市《ふるいち》の遊郭に繰り出し、料亭で伊勢音頭などを唄ったりしてドンチャン騒ぎをする。それから向かうのが田丸である。裏の神「熊野三山」（隠国）に詣でる人の格好は死者が棺桶に入る時の死装束であり、自ずと伊勢参宮とは心構えも違った。

熊野詣とはつまり、死後の安楽、今どうにもならないことを何とかしたい、生まれ変わって新しい人生を摑みたいといった庶民の切実な願いの旅であった。願いを持って神仏に縋る。それがいわゆる「巡礼」である。

元より熊野信仰において、人々の心を大きく捉えたのは「癒しと再生」「生まれ変わり」の願望からであった。しかし実際には巡礼者はむしろ、生まれ変わるよりも罪の意識や今自分たちに押し寄せてくる苦しみを救って欲しいという現実的な願いの方が大きかった。大自然の中を苦労して歩くことによって気が治まり、安らぎを得るのが目的であった。熊野詣とはそんな旅だったのである。

熊野の住民はこうした巡礼者たちを優しく迎えた。伊勢路を歩くと、集落と集落の間に「坂」があるが、大抵はそこを降りた地点に巡礼の墓や供養塔が建てられている。地域の人は彼らが旅の途中で亡くなると手厚く葬った。「回向《えこう》」である。

本稿では以下、江戸時代に伊勢路を訪れ、紀行文や吟行記を残した俳人・服部嵐雪と鈴木牧之について記す。

＊

服部嵐雪（一六五四―一七〇七）は蕉門十哲の一人。其角と並び蕉門の双璧と称された。嵐雪とその門人・石内朝叟《いしうちちようそう》による『その浜ゆふ（其浜木綿）』は、宝永二年（一七〇五）夏、嵐雪が朝叟・百里・甫盛・全阿らを伴って伊勢・熊野に参詣した折の紀行文である。

まず伊勢路の難路「八鬼山越《やきやま》え」の記述の一部を紹介する。

是よりやき山（八鬼山）支度、ひたすらにつゝら（＝衣服などを容れる蔓で編んだ籠）・笈・白かしの棒（＝白樫の杖）・飯こり（＝弁当の飯を入れる小さな行李）に綱すきかけ、

準備万端の出立である。そして道中、さまざまなことに出くわしている。奥州の女巡礼者の一団の男勝りの足取り、彼女らの唱える念仏の場面では、

奥州宇田郡（宇多郡）大畑村の女道者同行十五人、北國のけはしき（険しき）を越て、猶ふてきに（不敵に）やき山越せん沖《とて》、男あしふんて（男勝りの足取りで）すゝみ行、（中略）異口同音に、南無大悲観世音ぼさち（菩薩）と聲よくうたれひつれたり、

と記し、熱心な熊野詣の女性の姿に驚いている。また、道中に出逢った越前敦賀の女性は、幼少時に負った大火傷を乗り越えるため、観音信仰に支えられて八鬼山越えを六度も行っていることに驚嘆する。

越前つるか（敦賀）の貧女一人、（中略）二才の時ひさ（膝）より爐炭（囲炉裏）に落され、つれなき命なからへたれと（存えたれど）、支離の恥きに人にもまみえす、三十四の春秋（年月）を親の本にやしなはれ侍れとも、（中略）観音の御名を称して家をぬけ出、このやき山もはや六度のほり侍りぬ、

そして一行は、降りかかる山蛭と山霧に難渋し、もう二度と来たくないと嘆くのであった。

高山のいたゝき（頂）より、清水のつたひ落る巌石の上を瀧のほりに登るに、左右から萱草覆かゝり、蛭の降音笠に隙なく、前後雲霧につゝまれ、同行もわきまへ知らす、（中略）また越えきとおもふもの一人もなし、

こうした困難な道中、一行はいくつかの俳句を残しているが、実際俳句どころではなかったようである。その後嵐雪一行は新宮へ。新宮から那智を詣で、本宮に向かった。和泉式部が「月のさはり」を詠んだ伏拝、発心門、湯峰、中辺路にある日本百銘水の一つ「野中の清水」にも立ち寄っている。この後、一行は田辺から北上し大坂に至った。「野中の清水」の傍らには、

住かねて道まで出るか山清水　嵐雪

の句碑がある。

＊

次に、鈴木牧之《ぼくし》（一七七〇―一八四二）について、すでに一般に知られている概要は次の通り。。

牧之は江戸時代後期の越後商人。俳人・書家・随筆家でもあった。本名は鈴木儀三治《ぎそうじ》。魚沼郡塩沢の裕福な家に生まれ、家業は小千谷縮《おぢやちぢみ》の仲買と質屋を営む地元では有数の豪商であった。この「鈴木屋」（屋号）には三国街道（中山道高崎から三国峠を越え、越後に至る街道。三国峠は群馬・新潟県境の三国山脈にかかる峠。標高一二四四メートル）を往来する各地の文人が立ち寄り、父・牧水《ぼくすい》も彼らと交流した。牧之もその影響を受け、幼少から俳諧や書画を嗜んだ。

牧之十九歳の時、縮八十反を売却するため初めて江戸に上ったが、江戸の人々が越後の雪の多さや深さを知らないことに驚き、雪を主題とした随筆で地元を紹介しようと決意する。

帰郷して執筆した作品を寛政十年（一七九八）、戯作者・浮世絵師の山東京伝（一七六一―一八一六）に添削を依頼、本を出版しようと試みたが果たせず、その後も滝沢（曲亭）馬琴（一七六七―一八四八）や岡田玉山（一七三七―一八〇八）、鈴木芙蓉（一七五六―一八一六）らを頼って出版を依頼するが実現できなかった。

しかしようやく、山東京伝の弟で戯作者の山東京山（一七六九―一八五八）の協力を得、天保八年（一八三七）に『北越雪譜《せっぷ》』初版三巻を刊行、続いて天保十二年（一八四一）にも四巻を刊行した。同書は雪の結晶、雪国独特の習俗・行事・遊び・伝承の他、大雪災害の記事、雪国ならではの苦悩など、地方発信の科学・民俗学上、貴重な資料となった。

牧之の著作は他にも、戯作者・十返舎一九（一七六五—一八三一）の勧めで書いた『秋山記行』や『夜職草《よなべぐさ》』などがある。また画も巧みで、戯作者・滝沢馬琴に『南総里見八犬伝』の挿絵の元絵を依頼されたり、牧之の山水画に良寛が「賛」（画に添えられた詩・歌・文）を供したりしている。

また牧之は文筆業だけでなく、家業の縮の商いにも精を出し、一代で家産を三倍にした。商売上手でもあったのだ。さらに貧民の救済も行い、小千谷の陣屋から褒賞を受けている。

さて、当時二十七歳であった牧之の熊野詣の旅。

牧之一行八名は寛政八年（一七九六）に伊勢参宮の後、熊野を訪れ、さらに西国三十三所、北陸などを巡る約百日間の旅を行った。

一行が熊野を含む西国を巡った際の吟行記『西遊記神都詣《しんともうで》西国巡礼』に記されたものを紹介する。本吟行記はこの旅が終わって三十余年を経、牧之六十一歳の時に記した『秋月庵発句集』の中に収められて世に出たもの。なぜか執筆直後には出版されなかった。

まず、越後塩沢から伊勢までの行程。

真冬の越後から中山道に出て、中山道から軽井沢、諏訪へ。木曾路の入口・今井宿に着いたのは出立から十日目。その後木曾十三宿を中津川に下り、美濃より東海道に出て名古屋へ。そして熱田から「七里の渡し」を経て日永、白子、津、松阪に至る。神都・宇治山田に足を踏み入れたのは一月二十七日のことであった。

その後、伊勢神宮の内宮・外宮の参拝を済ませ、朝熊山《あさまやま》の金剛證寺に詣で、いよいよここから熊野三山を目指して熊野路の旅となる。「熊野路に趣《おもむき》て、」と前書のある、

熊野路の春や淋しき人通り　牧之

は参詣者で賑やかな伊勢本街道と異なり、突然人通りが乏しくなった熊野路を詠んでいる。

宮川沿いに三瀬谷に出ると本流と別れ、大内山川を遡行する。ここで「阿曾峠に故郷舞子村なる人の三十三所詣の道果ずして此地に魂を留めける。（略）」と前書を置いた、

塚の主問へど答へて春の風　牧之

という一句を残している。

故郷塩沢にほど近い舞子村出身の巡礼者が病を得てこの地で没した。阿曾に越える峠でその者を弔うために建てられた石碑を見つけ、牧之は心を揺さぶられた。異郷に倒れた同郷人に寄せる思い、供養塔を建ててくれた土地の人への感謝が籠められている。

さらに「此夜はあそ村坂本屋義助となん言ふ者の家に泊りければ、此家にて彼の仏の往生と聞へて、」と記し、

見ぬ人の俤床し朧月　牧之

と手向けの句を詠んでいる。

偶然にも、牧之一行が宿泊した木賃宿「坂本屋」は亡くなった先の同郷巡礼者の終焉の場所であった。少し詳しく記しておこう。

一行は滝原まで来た時、「坂本屋」に泊まった。その庭に「舞子村　大野太左衛門」と書かれた新しい墓があることに気づく。舞子村は牧之が住んでいた町のすぐ近くで、牧之自身が大野太左衛門という人が巡礼に赴いたまま帰って来なかったことを知っていたのである。

牧之は驚いて宿の主に尋ね、牧之と同じ越後からやって来た彼がここで亡くなったことを知る。当時飛脚の費用は高額で彼の死を越後まで知らせることはできなかった。「行き倒れ」とは、道そのもので倒れている者のみならず、病気などで宿や小屋で臥して往生する者も含まれる。この場合は後者ということになる。

牧之は当初、熊野路に対し、人通りが少なくて寂しく、治安も悪く、あまり良い印象を持っていなかった。しかしこのことに感激した牧之は以後、「熊野路はいい場所だ」という内容の記述を残している。

その後、牧之一行は阿曾の宿を立ち、大内山川の清流を遡って伊勢と紀州の国境・荷坂峠を越え、熊野入りを果たす。

長嶋や世を遁るなら此あたり　牧之

嶋山や霞もこめず千々の景

この二句には「二サカ峠（荷坂峠の沖見平）に見渡せば海上の絶景筆に尽しがたく、世の人の只熊の路は恐ろしき噂のみ聞へけるにさはなくて（そうではなくて）、長嶋（紀伊長島）の町迄一目に見おろす風情いわむかたなし。」との前書が添えられている。この峠より眺めれば、眼下には長島、白浦、島勝といった熊野灘に面した浦々が海岸線のそこかしこに見え隠れする。熊野路は険しく、治安が悪いと聞いていた一行にとって、目の前に展開する風景はまさに補陀落浄土を思わせるものであったに違いない。

八鬼達の子孫か賤の力業　　牧之

八鬼山越えでは「八鬼山峠是又西国一二の難所にして、登り下り五十丁づゝことさら険路なるに、土地顔なる杣する賤の女は古郷（隣町・古里のこと）のおのこ（男）にもまさり策たる（束ねたる）生柴を首に戴見る目もいとゞすさまじく」と前書し、山路ですれ違った土地の女性の力の強さに驚嘆している。同時に、牧之は八鬼山の山頂の茶屋で、

春寒し見おろす海の果てしなき　　牧之

と詠み、峠から見る南溟の海の美しさに感動している。

一行はその後、三木里から二木島、新鹿を経て、大泊の集落に出て木本町に入り、鬼ヶ城、花の窟《いわや》、獅子岩を見物する。牧之は獅子岩と猿岩（人面岩）の所では、「二王岩とて阿吽の岩左右にありて（略）」と記し、

春風を吐かとばかり岩の口　牧之

と詠んでいる。

また浜街道・七里御浜では「浪打際の沙上に髑髏のいと白く晒てありければ頓《やが》て無常を観ず。」と記し、

荒浜や浪に目を吹く髑髏　牧之

と、その壮大にして荒涼たる七里御浜の様相を詠っている。熊野市にある花の窟では、「般若岩とて其高き事言ふもさらなり。又花の岩屋とてちいさき穴のあり。」と記し、

浪風を法の声とも般若岩　牧之

万代に散らぬためしや花の岩

という句を残した。

浜街道の終着は鵜殿の河口である。「新宮の入口なる渡しは、頓て海の落口にして広大なることすさまじく、」として、

幾里の春や集めて此ながれ　牧之

と一ヶ月余りの旅を続けて熊野三山の一つに辿り着いた感慨を詠んでいる。

一行はその後、新宮から高野坂を通って那智に出て、青岸渡寺や御滝神社（飛瀧神社）に参詣し、大

雲取を越えて小口に出、小雲取を越え、本宮大社の参拝を果たす。

さらにその後は中辺路を通り、田辺に至り、北上して紀三井寺を振り出しに三十三所札所巡礼の旅を続けた。途中高野山にも立ち寄っている。

さらにその後、大坂から吉野を経て奈良に至り、京都に上って各寺院を巡った。そして美濃国谷汲山に札を納め、最後は信州善光寺参りを済ませたのである。

塩沢帰郷の日の句は次の通り。

着よごしやけふ百日の更衣　牧之

江戸時代の熊野詣（熊野古道「伊勢路」）について嵐雪と牧之を例に挙げて紹介した。この時代の人々はなぜこうまでして熊野を目指したのか。一概に論じることは難しいが、次の二点を指摘することができる。一点は巨岩・巨木信仰、奥の院や玉置神社の存在などから見て、熊野とは神と仏と人間と自然とが共存できる世界であると考えられていたこと。もう一点は熊野詣における難行・苦行の実践こそが滅罪に辿り着くものと考えられていたことが挙げられよう。

（「運河」二〇一七年二月号）

II

戦いと鎮魂の見地から

満蒙開拓団――戦時における加害と被害

昭和二十年（一九四五）八月十五日太平洋戦争終結。

二〇一七年で戦後七十年の節目を迎えた。日本が十五年にわたり行った一連の戦争を「十五年戦争」と呼ぶ。

満州事変（昭和六年）、盧溝橋《ろこうきょう》事件（昭和十二年）に端を発する日中戦争（支那事変・日支事変）、真珠湾攻撃に端を発する太平洋戦争（昭和十六年〜昭和二十年）の総称である。

熊野市に「記念通り」という県道がある。今は寂れてしまった目抜き通りだが、その名の由来は昭和十五年、すなわち紀元二六〇〇年に開通した記念による。この年に生まれた男子には紀夫、年雄、元雄など、女子には紀子、年子、元子などと命名することが多かった。

昭和十五年と言えば、「ぜいたくは敵だ」のスローガンが町中に溢れ、日独伊三国同盟締結、各地で紀元二六〇〇年奉祝行事が行われていた年である。まさに太平洋戦争直前のことであった。

六二三《ろくにいさん》、八六八九《はちろくはちきゅう》八一五《はちいちご》、五三《ごさん》に繋げ我ら今生く　　西野　防人

日本の夏は慰霊の季節である。昭和二十年六月二十三日の沖縄戦終結、八月六日の広島、九日の長崎への原爆投下。まさにその九日には旧満州へのソ連軍の侵攻があり、八月十五日終戦。終戦日はわが国の習俗盂蘭盆の時期と重なる。「五三」は、昭和二十二年五月三日「日本国憲法」(新憲法)施行の日である。そして昭和二十年六月二十三日は日本にとって特別な日であることを記しておかねばなるまい。「沖縄慰霊の日」である。昭和二十年四月一日、アメリカ軍が沖縄本土に上陸した。艦船千五百隻、十八万三千人の兵士が小さな読谷村《よみたんそん》の海岸に艦砲射撃とともに侵攻、その日のうちに二つの飛行場が占領された。この日から三ヶ月にわたり展開された沖縄戦である。

この戦争で兵隊以外の多くの一般住民・子供が巻き込まれた。その数九万四千人に上る。戦死者の総数は両軍合わせて二十万人余りとされ、沖縄の財産・文化財や美しい自然も同時に奪われた。太平洋戦争で唯一、国内の一般住民が地上戦を体験した戦争であった。

うりずんの雨は血の雨涙雨礎《いしじ》の魂呼び起こす雨　　小嶺　基子

掲句上五「うりずん」の語源は「潤い初め」。沖縄の初夏、大地が潤い、草木が芽吹く三月頃から梅雨に入る五月くらいまでの季節である。県花デイゴの咲く時期と一致する。「礎《いしじ》」は沖縄戦などの死者二十万人余の名前を刻んだ祈念碑「平和の礎」のことで、沖縄県糸満市字摩文仁《まぶに》の沖縄県立平和祈念公園内にある。世界の恒久平和を願い、国籍や軍人・民間人の区別なく、沖縄戦などで亡くなった全ての

人々の氏名を刻んでいる。沖縄地上戦は「うりずん」の季節と重なっている。現在もデイゴが咲くと当時の記憶が甦り、体調を崩す人たちがいるという。

この沖縄戦で「沖縄防衛第三十二軍司令官」牛島満《みつる》中将と同参謀長の長勇《ちょういさむ》中将が摩文仁で自決した。昭和二十年六月二十三日未明であった。この日を日本軍（沖縄守備隊）の組織的戦闘が終結した節目と捉え、六月二十三日「沖縄慰霊の日」が制定された。沖縄戦での三重県の戦死者は二千八百人、うち熊野市では七十一人、筆者の住む御浜町では三十二人が亡くなった。

＊

昭和六年（一九三一）の柳条湖《りゆうじようこ》事件（関東軍の謀略による鉄道爆破事件）に端を発する満州事変が勃発、関東軍は満洲（中国東北部）全土を占領した。その後関東軍主導のもと、同地域は中華民国からの独立を宣言、翌昭和七年（一九三二）三月、「満洲国」を建国した。

満洲国は建国以降、日本、すなわち関東軍の強い影響下にあり、「大日本帝国と不可分的関係を有する独立国家」と位置付けられた。当時の国際連盟加盟国の多くは「満洲は法的に中華民国の主権下にあるべき」としたため、このことが国際連盟から日本が脱退する主因となった。昭和八年のことである。

第二次世界大戦末期の昭和二十年八月九日、「日ソ中立条約」を一方的に破棄したソ連軍による満洲侵攻、及び日本の敗戦により、八月十八日に満洲国皇帝・溥儀《ふぎ》が退位、満洲国は滅亡した。

これにより満洲地域はソ連の支配下へ、次いで中国国民党率いる中華民国の支配下へと戻った。さらにその後、国共内戦（中華民国政府率いる国民革命軍と中国共産党率いる中国工農紅軍との間で行われた内戦）

を経、中国共産党率いる中華人民共和国の領土となった。

満州事変から敗戦までの期間、日本政府の国策によって中国旧満州・内蒙古《モンゴル》・華北に入植した日本人移民を「満蒙開拓団」「満蒙開拓移民」と呼ぶ。昭和七年から大陸政策の要、昭和恐慌下の農村更生策の一つとして遂行、十四年間で二十七万人（三十二万人とも）が入植した。満州国維持のための軍事目的と日本国内農村窮乏の緩和が本来の目的であったが、結果的に多大な死者・犠牲者を出すに至った。凄惨を極めた逃避行、そして俘虜、中国残留婦人、孤児らを生む結果となった。

子が死んで蚤に虱に血を分つ　井筒紀久枝

子等埋めし丘べに精霊とんぼ飛ぶ　天川悦子

敗戦後満州から日本へ引き揚げるための果てなき逃避行の途次、山中あるいは収容所で幼い子供を亡くした母親たちの作品である。作者の井筒紀久枝・天川悦子両氏については後述する。

＊

中央から遠く離れた熊野・十津川もまた戦時の歴史の渦から逃れることはできなかった。

昭和十三年から十五年にかけ、和歌山県熊野川町の敷屋《しきや》、奈良県十津川村に開拓団が結成された。政府は十五歳から十八歳の若者の「愛国心」と「大陸浪漫」を煽り、男子は「満蒙開拓青少年義勇軍」と称え、女子は「大陸の花嫁」として同行した。

尚、東京でも昭和十四年に神宮外苑競技場において「満蒙開拓青少年義勇軍」二千五百人の壮行会が開かれた。東京周辺地方の貧しい少年たちもまた「東洋平和のために」と満州に送り込まれたのである。

　さて、当地の開拓団に関する記録は『敷屋《しきや》村史』や『十津川郷史』にも記されていない。唯一『敷屋小学校沿革史』にその記述があるのみだ。三十年前にこれを見出したのは新宮市在住の二《に》河通夫《こうみちお》氏である（氏は筆者の中学時代の恩師で元新宮市立図書館長）。

　敷屋開拓団の団長は当時五十歳の宇井角三郎《かくさぶろう》であった。本宮町静川《しつかわ》小学校長から敷屋村長となった人物である。昭和十五年和歌山県東牟婁郡で開拓団が結成された際、団長として満州へ赴いた。当時全国規模で「分村運動」が起こっていた。分村運動とは、村の人口増加のため人々が食べてゆけず、各村の住民の二割を満州に行かせるというもの。これを「更生村」と呼んだ。ちなみに当時の十津川村の人口は一万人を超えていた（現在は三千六百人余り）。敷屋や十津川村など、特に貧しい村ほど入植気運が高まっていたという。

　和歌山県の場合、開拓団は岩出・御坊・日高・西牟婁・東牟婁の五ブロックに分けられ、日高では人が集まらなかったが、宇井を団長とする当地の先遣隊には、敷屋・本宮・上太田・下太田・七川《しちかわ》などから約三百人の入植者が集まった。

　しかし、その年（昭和十五年）に東京城《とうけいじょう》（中国黒竜江省寧安県）まで辿り着いた敷屋組は半数の百五十人であった。この一団を「太平溝開拓団」という。

　一方、十津川組はさらに過酷なことに、遥か北方のジャラントン（中国内蒙古自治区）に入植することになった。彼らは零下三十度にもなる畑で農作物を作り、多くの人が病気で亡くなった。

　国は各府県に入植者のノルマを割り当てていたため、担当者は懸命に人を募った。その後、「熊野川町の敷屋組が入植するのならば、我々も」と、高野口、栗栖川、串本、大島などの地域の人も満州に向かった。

開拓団は苦労して遥かなる凍土に辿り着いたものの、入植地の確保には多大な困難を要した。もともと現地の住民が開墾していた土地を二束三文で強制的に買い上げ、ここに日本人開拓移民を入植させるというのである。強制買収に対する現地住民の反感は当然強かった。「八路軍《はちろぐん》」（日中戦争期に活動した中国共産党軍）を前身とする「匪賊《ひぞく》」が反満抗日ゲリラとして、しばしば日本人を襲撃した。匪賊とは実際に、そのほとんどが自分たちの土地を日本人に奪われた現地の中国人農民であった。

こうした抵抗もあり、敷屋組の百五十人のうち三十人が脱退するという当時として不名誉な事態が起こった。さらに不名誉な事態が一つ勃発する。匪賊からの襲撃を防衛するため夜警に当たっていた敷屋組の三人が、銃の暴発によって死亡したのである。団長の宇井も指導員・山口とともに匪賊に襲われ、現地で絶命した。宇井の二人の娘（九十歳と八十六歳）は敷屋で健在である（二〇一七年現在）。

そもそも宇井が開拓団の団長を務める契機となったのは、和歌山師範の先輩であった久保嘉七《かしち》の勧めによるものであった。久保は勝浦の天満《てんま》小学校の校長から東牟婁郡視学、那賀郡視学、色川町長、その後県議を四期務めた当時のエリートであった。偉大な先輩からの推薦を断ることはできなかったのである。

本宮町在住のNさん（昭和五年生まれ、八十五歳、女性）の体験談を記しておこう。

十津川に住んでいた十五歳のNさんは、昭和二十年五月、「報国隊」の一員としてジャラントンに赴いた。報国隊とは、開拓団を離脱しようとする人を食い止めるための、いわゆる激励隊である。青年学校の十五歳から十六歳の女子九十二人で構成された。昭和二十年五月と言えば、終戦のわずか三ヶ月前のことである。まさに敗色濃厚な時期の出立であった。しかも報国隊とは名ばかりで、現地では極寒の中での農作業を連日強いられるばかりであった。

Nさんは語る。「当初、役場からは無理して行かなくてもよいと言われた。しかし十津川の女子はほとんどが入隊した。行きたくないと言える雰囲気ではなかった。玉置山で盛大な壮行会が行われた。後で知ったことだが、十津川の有力者の娘は病気を理由に報国隊に参加しなかった」。

＊

昭和二〇年八月十五日、終戦。

青少年義勇軍を含む満蒙開拓移民は、ソ連軍の参戦によりほとんどが国境地帯に取り残された。現地住民の抵抗もあり、日本に帰国できたのは二十七万人中十一万人であった。

各地の開拓団は引揚げの途中で多くの死者・行方不明者・病死者を出した。また国境を越えて入って来たソ連兵に捕らえられた男子入植者はシベリアに抑留され、開拓団の帰国は困難を極めた。つまり終戦後武装解除して投降した日本軍捕虜らは、ソ連によって主にシベリアに労働力として移送隔離され、長期にわたる抑留生活と奴隷的強制労働を強いられたのである。多数の人的被害を招いた本件の日本側の呼称が「シベリア抑留」という言葉である。

実際にはシベリアのみならず、蒙古・中央アジア・北朝鮮・カフカス地方・バルト三国・ヨーロッパロシア・ウクライナ・ベラルーシなどソ連の勢力圏全域や中華人民共和国に送り込まれた。

現在もそれらの地域には抑留者が建設した建造物が一部残されているが、彼らの「墓地」で現存するものはほとんどない。厳寒の下、満足な食事や休養も与えられず、苛烈な労働を強要され、各地で多くの抑留者が死亡した。

このソ連軍の行為は、武装解除した日本兵の自国への復帰を保障した「ポツダム宣言」（一九四五年）に背くものであり、ロシアのエリツィン元大統領は平成五年（一九九三）十月に訪日した際、「非人間的な行為に対して謝罪の意を表する」と表明した。

非人間的と言えばその一つに、女性たちが強いられた耐え難い辛苦の証言がある。

ソ連軍が旧満州に侵攻し、関東軍が撤退した後、取り残された日本人が次々と集団自殺してゆく中、岐阜県黒川開拓団は女性をソ連兵の性の相手として差し出すことによって生き延びる道を選ぶ。そうせざるを得なかった。それは「接待」という欺瞞的な名称で呼ばれ、犠牲となったのは十代から二十代の未婚女性十五人であった。証言によれば「汚物を触るように蹴り倒され、鉄砲を背負ったままやられた」「皆、お母さん、お母さんと泣くだけやった」。また日本に引き揚げる際、橋が落ちてしまった川を船で渡るためにソ連軍から女性を要求され、「皆のために私が」と五人がその役を負った。そうして黒川開拓団は六千五百人のうち、四百五十人が生きて帰れた。

昭和十七年旧満州に生まれた中田重顕《しげあき》氏（小説家。熊野市在住）の短編『はるかなる夕日』には、開拓団長に指示されてソ連軍の停車場司令部に体を提供し、これによって避難列車を提供してもらう女性が主人公として書かれている。

さらにある開拓団では立場上、団長夫人が率先して体を提供し、翌朝死んだように横たわる夫人を見たという話、また別の開拓団では日本の遊郭で働いていた女性が「素人には無理だから」と自らソ連兵の元に出て行ったという話も書かれている。中田氏は「戦争になれば女性がいかに惨《むご》い目に遭うかということだ。あの満州の大平原ではこの世のありとあらゆる地獄が展開されていた。その人たちに正式には誰も謝罪していない」と語っている。

シベリア抑留を経験した著名人としては、宇野宗佑（第七十五代内閣総理大臣。抑留記『ダモイ・トウキョウ』を執筆）、水原茂（元プロ野球選手、元讀賣ジャイアンツ監督）、三波春夫（歌手）らがいる。

最近のことであるが、モンゴル国立中央文書館に保管されていた日本人蒙古抑留者の姿を映した貴重な記録映像が発見された。蒙古における日本人の抑留期間は昭和二十一年から昭和二十二年までの一年間で、この間千六百人の日本人が亡くなっている。

現在九十三歳の蒙古抑留からの引揚げ者の話によれば、労役は過酷で、衛生状態は劣悪、栄養失調で亡くなる者も多かった。蒙古では当時、ウランバートルの近代化に向け、国立大学や外務省の建築が急ピッチで行われ、日本人抑留者はこれらの建築基礎の穴掘り、煉瓦積みなどの労役を強いられた。凍った土を十センチ掘るにも多大な労力を要したという。

但し今回発見された映像には、笑顔を見せる日本人抑留者も映し出されている。つまりこの記録映像は必ずしも現実を反映したものではなく、蒙古政府の当時のプロパガンダとみる向きもある。

さて、熊野からの入植者たちの結末である。

東京城の敷屋組は二班に分かれて逃げた。満州国内のとある学校長が率いるグループ四十人と開拓団指導員が率いるグループ九十人である。学校長グループは大連《だいれん》まで何とか下ったが、多人数を抱えた指導員グループは統率に欠け、足の遅速もあって分裂を余儀なくされた。

遥か遠方のジャラントンにいたNさんの十津川組は三班に分かれて逃避行を続けた。Nさんのグループは二十五人であったが、引率者の男はハルビン（哈爾浜）で死亡した。そしてハルビンから大連まで生きて帰ったのは、Nさんを含む十六歳の女子四人だけであった。

Nさんは「大連のコロ（葫蘆）島で帰国船に乗り込んだ時、たまたま十津川の開拓団の人がいて、とても心強かった。船は下関に着き、汽車を乗り継ぎ、奈良の五条まで辿り着いた時は夢のようだった」と語った。十津川開拓団二百四十人のうちの百三十人が死亡していた。

結氷期泣く子は泣かせ水を汲む　井筒紀久枝
殺されてから被せられし外套よ
雪の曠野よ生まるる子らの父みな兵隊
友と駆ける蒙古嵐の過ぎし野を　天川　悦子
命綱たぐる前方蛍の闇
空腹の吾子に草笛吹き聞かす

無事帰国した開拓団員には日本政府から「国債一時金」として十二万円が支給され、近年「銀杯」が贈られた。いずれもあまりにお粗末な慰労である。尚、十津川開拓団の中国残留孤児は三人で、先年帰国している。

*

俳人の新谷亜紀氏（「雉」同人）のブログに「満蒙開拓平和記念館」（長野県下伊那郡）の寺沢秀文専務理事の言葉が紹介されている。

敗戦後の満州の開拓地は男たちが根こそぎ動員で兵隊にとられていたので、残されたのは女と子供・老人ばかりだった。そこへソ連軍の侵攻と匪賊の襲撃に遭い、逃避行が始まる。そんな中、もうこれ以上逃げ切れないと集団自決した開拓団もあったが、何とか逃げ延びた団もあった。逃げ延びた開拓団は昼は山の中に隠れ、夜に移動した。すると子たちが怖くて泣く。子供が泣くと敵に見つかるから「殺せ」と言われる。仕方なくわが子を手に掛けた人、中国人に預けた人、山の中に捨てた人があった。そういった子供たちが中国残留孤児になった。そんな中で辛うじて生き延びた日本人が、終戦の年に帰れなかった。その理由は、当時日本政府が出した次の二つの文書が原因だった。「居留民ハ出来ル限リ定着ノ方針ヲ執ル」、「満鮮ニ土着スル者ハ日本国籍ヲ離ルルモ支障ナキモノトス」である。これにより、開拓団も含めて当時二百万人いたとされる日本人が、終戦の年に満州に残って冬を越さなければならなかった。実はその冬の方が沢山の人が亡くなった。開拓団として二十七万人が渡ったとされるが、そのうちの八万人が現地で亡くなっている。また、そのうちの七万人がその冬を越せなくて餓えや病気で亡くなった。弱いものから順に亡くなったというのが現状だった。実は私（筆者註：寺沢氏のこと）の一番上の兄も、わずか一歳の命をその冬が越せずに長春（新京）の避難民収容所で亡くなった。

ここで本稿に挙げた天川悦子・井筒紀久枝両氏について触れておく。二人は満州女流俳句史において重要な位置を占める俳人である。

天川悦子氏（九十一歳）は日本総領事館が置かれていた中国間島省龍井《ロンセイ》で生まれた。その地で醬油醸造業を営む両親と弟とともに幸せに暮らしていたが、昭和二十年のソ連軍侵攻により、新京から日本への酷烈な逃避行を経験する。横山白虹「自鳴鐘」に所属。

井筒紀久枝氏（九十四歳）は先述の新谷亜紀氏のお母様。紀久枝氏再婚後の子という。紀久枝氏は福井県岩立町に生まれ、幼少より紙漉を業としていたが、当時の「新日本の少女よ、大陸に嫁《ゆ》け」の呼びかけに共鳴して開拓団の男性に嫁いだ。典型的な「大陸の花嫁」である。帰国後、加藤楸邨「寒雷」に所属。厳寒の満州チチハル避難民収容所で詠まれた二十一歳当時の紀久枝さんの作品を示す。

盗みきし葱煮る鍋は鉄かぶと　　紀久枝
蝿憎し屍体にふたつ耳の穴
月が出て死んでも胸に俘虜の文字
無雑作に屍体が積まれては凍り
みなし子に夕焼け満州国は亡し

北満からの地獄のような引揚げがあった一方、関東軍が現地の中国人に対して行った罪業について記しておかねばならない。

敗戦国日本は確かに甚大な被害を受けた。日本人の脳裏から戦争の悲惨な記憶は消えることはない。しかし、日本は他国を侵略した加害国であったことは事実である。現在も議論される従軍慰安婦の問題もある。

＊

暴戻《ぼうれい》の限りを尽くした日本人の行為について、先述の中田重顕著『はるかなる夕日』に詳しい。一部を抜粋、要約して紹介する。

関東軍憲兵隊の任務は、匪賊の摘発と取締りであった。匪賊といっても、中国からみれば愛国者である。憲兵隊の仕事は捕まえた中国人を拷問すること。兵隊になる前はただの農民や郵便局員であった日本の男が、いつの間にか中国人を拷問することが日常となり、拷問のない日は何となく物足りなくなっていった。

拷問の度が過ぎると、体がぼろぼろになってもう外には返せなくなる。近くの陸軍病院に連絡すると引き取りに来る。生体実験にしているという噂だった。拷問の途中で息が止まってしまった者は河に投げ込んで始末した。瀕死の者はハルビン郊外の悪名高い七三一部隊にも送られた。細菌戦の研究のために中国人やロシア人を生体実験した部隊である。森村誠一の『悪魔の飽食』の世界だ。

ある時、抗日分子だという情報で、現地の小学校の教師夫婦が関東軍憲兵に逮捕された。まだ三〇歳過ぎの男とその妻であった（筆者註：エッセイには拷問の詳細が記されているが、人間の行いとは思えぬ内容であるため割愛する）。信じ難いことだが、抗日戦争全体で三五〇〇万人の中国人が殺されたという事実である。

敗戦後、関東軍憲兵隊の一部の者はシベリアに抑留され、酷寒のラーゲリで辛苦の数年を過ごすことになる。昭和二十六年、中華人民共和国が成立すると、九六九人の捕虜が戦犯容疑者として中国に引き渡され、戦犯管理所に移管された。己の所業の省察により誰もが死刑を覚悟した。しかし、奇跡が起こった。中国政府はほとんどの被告に起訴免除・即日釈放の処分を下したのである。報復してはならない、報復はまた報復を生むだけだ、真人間に戻して帰国させるのだというのである。中国側の検察官も裁判官も傍聴人も泣いた。彼らのほとんどが身内をこの被告人たちに殺され、犯され、焼かれていたのである。被告たちも泣いた。釈放される喜びではなく、あまりにも寛大な中国の人々への罪の深さに泣いた。

さらに「加害」の実態について『週刊朝日』（二〇一五年六月十九日号）〈消えゆく戦争「加害」記憶〉に、複数の戦争体験者による生々しい証言が掲載された。証言者のほとんどは現在九〇歳代である。

「山東省の部隊では〈初年教育〉と称する上官命令により、生きた捕虜を銃剣刺殺した」

「部落襲撃のために家に火をつけようとしたところ、家から老女が飛び出してきて、額を地べたにこすりつけて命乞いをする。しかし命令により、躊躇しつつも老女を小屋に押し戻し、火をつけた」

「八路軍と銃撃戦となった。村のあちこちから逃げ出してくる八路軍の兵士、女性、子供らに重機関銃を撃ち込んだ。家に隠れていた女性を見つけた古参兵が、彼女に乱暴しようとしたが激しく抵抗され、彼女を井戸に投げ込んだ。すると幼い息子がどこからか踏台を探し出し、母親の後を追って自ら井戸に身を投げた。その井戸に手榴弾を投げ込んだ」

「陸軍は揚子江周辺で便衣兵《べんいへい》に悩まされていたので疑わしい者はみな殺害した。トラックの荷台に十人くらい乗せて銃剣で突き、怖がって河に飛び込む者を銃で撃った」（筆者註：便衣兵とは民間人に偽装した兵隊のことで、いわゆるスパイ、破壊工作員）

「戦後、シベリア抑留を経て、旧満州の撫順《ぶじゅん》戦犯管理所で六年間過ごした。強制労働も拷問もない収容生活だった。九百人を超える戦犯は中国政府の計らいで不起訴処分になり、起訴された戦犯も処刑されず、最終的に全員帰国した」

長く心に封印していた記憶を絞り出すように吐露した加害証言、それは苦しんだ末の贖罪の念によるものだ。最後に記した証言は『はるかなる夕日』の内容と一致する。余命少ない証言者たちは今、戦争の実態を後世に伝え残すことが最大の償いだという考えに至っている。

戦後の日本政府がこれらの歴史認識を示したものが、いわゆる「河野談話」と「村山談話」である。平成五年（一九九三）の河野談話は慰安婦問題について、慰安所の設置や管理・慰安婦の移送に旧日本軍が直接あるいは間接に関与したことを認めたもの。平成七年（一九九五）の村山談話は、当時の国策の誤りと植民地支配と侵略を認め、反省とお詫びを表明した。戦後六十年の小泉談話もこの内容を踏襲した。

熊野市に中国戦線に従軍した兵士・清水太郎氏がいた。氏は元熊野市文化財専門委員ですぐれた詩人であった。『破片』という反戦従軍詩集を上梓し、三重県文学の大御所・文芸評論家の清水信《しん》氏（故人）がこれを絶賛した。ちなみに先の中田重顕氏は清水氏の弟子である。

筆者は中田氏から詩集『破片』のコピーを賜った。その中の「屍」と題する作品を紹介する。

屍

清水太郎

藍衣の兵が斃れていた
みひらかれた硝子のような瞳孔は
コバルトの空を皺のように映して
硬直した手に冷却した銃を握って——
恐らく彼の手から銃をはなそうとすれば
関節を枯枝のように
ぽきぽきと折って伸ばさねばはなさないであろう

砲車を曳いた馬が
泥濘をあえぎあえぎ通過した
私はふと、「幻の馬車」のはなしを想起した
死の瞬前に聴える暗い車輪の軋りを

大鎌を持つ死神の使者の黒衣の嘲いを
まわりには、白つゝじが咲き乱れていた
彼の屍はその中で
祖国の土に帰ろうとして
強い腐臭を発していた

第二次世界大戦後、国外から内地へ帰って来た引揚げ者であるが、「国外」とは満州や関東州（遼東《りょうとう》半島南西端）のみならず、樺太、朝鮮、満州以外の中華民国、台湾、ベトナム、フィリピン、インドネシアなどを指す。

満州・関東州からの引揚げ者で著名人を挙げれば、浅丘ルリ子（女優）、梅宮辰夫（俳優）、小澤征爾（指揮者）、加藤登紀子（歌手）、草野仁（アナウンサー）、澤地久枝（作家）、沢村忠（キックボクサー）、ジェームス三木（脚本家）、宝田明（俳優）、ちばてつや・あきお兄弟（漫画家）、なかにし礼（作詞家、小説家）、新田次郎（小説家）、板東英二（野球選手・タレント）、松島トモ子（歌手）、松平定知（アナウンサー）、三木卓（詩人）、宮尾すすむ（タレント）、森繁久彌（俳優）、山崎拓（政治家）、山田洋二（映画監督）らである。

樺太からの引揚げ者としては、こまどり姉妹（歌手）、せんだみつお（コメディアン）、大鵬幸喜（第四十八代横綱）、輪島功一（ボクサー）ら。

朝鮮からは、赤塚不二夫（漫画家）、五木寛之（小説家）、小林千登勢（女優）、佐木隆三（小説家）、ダン池田（音楽家）、橋田壽賀子（脚本家）、藤田敏八（映画監督）ら。

中華民国からは、生島治郎（小説家）、清岡卓行（詩人）、ミッキー・カーチス（音楽家）、立花隆（ジャーナリスト）、三船敏郎（俳優）、山口淑子（＝李香蘭・歌手、政治家）ら。

ベトナムからは、櫻井よしこ（ジャーナリスト）が知られている。

朝鮮からの引揚げ者である五木寛之はある対談の中で、「僕は敗戦時には平壌《ピョンヤン》にいて、徒歩で三十八度線を超えて米軍キャンプに収容された。出発時は何十人の団体だったが、途中で多くの人が死に、キャンプに着いた時には半分になっていた」と語っている。

大連からの引揚げ者である清岡卓行には、その体験に関わるいくつかの作品がある。うち二篇を抽く。

たぐひなき星空　　　　清岡卓行

祖国戦ひに憔れはてし春
われ都にて学業を捨て
激化する空襲のあひまに
都を離れて
島国より大陸へと
おのが命を偶然にあづけつつ
潜水艦来襲のくりかへさるる

海峡を辛くも渡りぬ
（中略）
八月のなかば
炎熱の光眩ゆく
沈黙の燃ゆる正午に
突如ふかしぎなる鐘は鳴れり
戦ひ終りて
祖国敗れぬ

引揚者たちの海　　清岡卓行

とある大陸によみがえる解氷の季節
引揚者収容所からの行列は　一瞬
はるかな海へ歩きはじめる　一歩　一歩
罪障の道を　逆に　たどりはじめる
（中略）
長い年月の植民地生活から
明日の生活の見知らぬ廃墟へ
その隠された落し穴へ

かれらが絶え間なく運んでいるものは
死だけであるかもしれないのに

*

朝日新聞「朝日歌壇・俳壇」〈うたをよむ〉（平成二十七年六月一日付）に、筑紫磐井氏が「従軍俳句の真実」と題する一文と俳句作品を紹介している。要約して記す。

従軍俳句というと、新興俳句系の富澤赤黄男・片山桃史などがまず思い浮かぶが、それ以外の改造社「俳句研究」昭和十三年〈支那事変三千句〉等で膨大な作品が残っている。

敵の屍まだ痙攣す霧濃かり　茂茅
馬肉人肉あさる犬らよ枇杷の花　藤花
虫止みぬ敵か味方か伝令か　石穂
向日葵やとりかこまれて捕虜稚き　信二

これらのリアルな戦場の姿をとらえた従軍俳句は今まではあまり評価されていない。敵・味方の兵や民間人の殺害、少年兵捕獲、家屋放火等々、戦後七十年間封印されてきた風景だ。しかしそこには反戦・厭戦以前の、冷厳な事実が記録されている。我々は事の是非を問う前に、戦争とはこういうものであったという事実を先ず知るべきだろう。

冒頭に述べた「十五年戦争」の間、世の俳人たちは戦争を対象として積極的に作句を試みた。筑紫氏が記したように、富澤赤黄男・片山桃史たちである。長谷川素逝もいた。

当時彼らは迫真的な従軍俳句・前線俳句を発表し、諸俳誌は戦争俳句で埋め尽くされた。しかし一方、反戦色を強めてヒューマニズムを高揚した平畑静塔・石橋辰之助・西東三鬼らの俳人が治安維持法違反の容疑で特高警察に検挙されるという事件も起こった。昭和十五年（一九四〇）に始まる「京大俳句事件」である。また内地では、印刷事情の悪化による俳誌の統合、廃刊が相次ぎ、空襲による罹災などで疎開した俳人も少なくなかった。

　今朝の秋戦友《とも》を港に送る哉　　美
　船へ振るハンカチに吹く秋の風

「美」は前田美千雄の号。この句は中国に赴いた若き日本画家・前田美千雄が日本で待つ恋人・堀江絹子に送った絵手紙に付した俳句である。「十七年九月　上海鳴《ママ》頭にて」とある。その手紙の内容は次の通り。

今朝一足先に帰る戦友を港に送って来ました。船が岸壁を離れるとほっとしたやうな、何かもの足らぬ様な気持ですが、言って聞こえず、船は戻らず、あとは送る人送られる人、ハンカチに想ひを托して振るばかり。はじめはお互同志振るもの丶、次第に船へ振り、煙に振り、遂には波に振るといふのが港船出の光景。別離の後知らる丶ものは秋の風のみです。

九月二十二日

美千雄の描いた膨大な絵手紙の中に、次のような俳句もある。「〇〇宿営部落にて」（〇〇は判読不能）とあり、前詞は「作戦とはいくさする以外は何と言つても食ふことが相当以上の関心事なりとて」、日付は「昭和十七年六月七日」。

食ひ食ひて今日は厭きたるさゝげ哉　　美
日ならずにさゝげの豆も取り尽す
にらの葉を好まぬものと思ひ食ふ
討ちに来てかぼちゃの花の盛り今

前田美千雄は五年間の外地従軍を経て、この年（昭和十七年）に除隊、翌十八年絹子と東京飯田橋大神宮の神前で挙式。しかし結婚一周年を数日後に控えた日、「一月十五日に石川県金沢市粟崎《あわがさき》に設営された部隊に入隊せよ」との再招集令状が届く。粟崎に赴いた夫に面会するための苦労を妻・絹子は次のように記している。（『戦場から妻への絵手紙』より）

当時は何でも統制・配給の時代。切符を買うにも区役所で証明書をもらい、渋谷駅で二、三時間並んでやっと買える状況でした。当日はまた、上野駅で四、五時間並び、改札口が開くと座席確保に全力疾走。（略）東京から金沢まで十四、五時間もかかり、トンネルに入ると壊れた窓から吹きこむ黒煙が車内に充満して息ができないほど。車輛はいつもあふれるように満員。時にはずっと立ちっぱなしのこともありました。
待合わせの市内の旅館では、彼の画帳から好きなスケッチを選び、用意してきた色紙に描いてもらった。炬燵で向かい合い、夫が描いている姿を見つめる。このひと時のために許される限り通った（筆者註：三ヶ月間で八度の面会）。何とか外地に行かずにすむ方法はないか、招集解除をお願いする手立てがないかと彼に詰め寄ったこともあった。しかし「部下たちは中隊長の僕をとても頼りにしてくれている。自分一人だけ日本に残るわけにはいかない。分かってくれ」ときっぱり言い切る美千雄に、私も覚悟を新たにした。

翌昭和十九年五月、美千雄はフィリピン・ルソン島へ。昭和二十年八月五日頃、マニラ東北の山中にて戦死（推定）。その後、妻のもとには遺骨も遺品も戻らず、中国・粟崎・フィリピンからの絵手紙七百二十八枚が形見として残った。その中の一葉に記された俳句と手紙を紹介する。死の二ヶ月前のことである。

白梅や日直司令上番す　美

なぜ白梅やと持つてきたか。それは日直司令交代申告に行くと、部隊長の机の上には白梅がビンに差して置いてあるからだ。今丁度その梅は満開。清い美しい姿を本部事ム室の片隅に誇つてゐる。この梅が散つてしまふまでに何回この前で申告するかな？　おつとこれは防護上ちと具合悪い。秘密々々!!　そんなことはどうでもよい。白梅と日直上番の緊張した気持がぴつたりとくればそれでいゝ。参考に…上番とは勤ムにつくこと、下番とは勤ム終ることを言ふ。

昭和十九年三月〇日（〇は判読不能）

＊

おそらく全ての人間が戦争はあってはならないと思っている。しかし人々がいくら戦争を忌避しても、今日に至るまで世界中のどこかでそれは起こっている。人類の歴史は国内外問わず戦争の歴史であり、その歴史は勝者によって記されてきた。美しさを愛し、友情やぬくもりを望んだはずの人類は高邁なその叡智を以てしても、戦争を無くすことはできなかった。個人あるいは国家の、善悪では片づけられないエゴイズム、愚かさ、残虐性は多くの惨劇を生んできた。

先述した二河通夫氏は昭和五年生まれ。ご高齢だが満蒙開拓移民・関東軍の残虐性・北満からの引揚げ等、いまだ多くの人に知られていない戦争悲劇を通し、平和の尊さを語り継いでおられる。

中田重顕氏は「戦争には加害と被害の二つの顔がある」として各地で講演を行い、特に「戦争と熊野びと」について、当地の一般人や学生たちに戦争の惨禍と真実を伝えている。

また中田氏は沖縄の「梯梧之塔」で平和への祈りを捧げるため、毎年地元中学生の修学旅行に同行している。氏は記す。

ひめゆりの塔から百メートルしか離れていないこの塔の周りには夏草が茫々と生え、誰もお詣りしていないかのようだった。

「ひめゆりの塔」が、沖縄県立第一高等女学校と国立沖縄師範学校女子部で構成された「ひめゆり部隊」の生徒と先生を祀る塔であることはよく知られている。しかし「梯梧之塔」の存在はあまり知られていない。この塔には沖縄の私立昭和高等女学校の生徒が祀られているが、彼女たちは三重県の兵士を中心に編成された第六十二師団「石部隊」を看護し、熊野の兵士は彼女たちに看取られて亡くなったのである。平成二十七年六月二十三日「毎日新聞」に、金子兜太氏のインタビュー記事が掲載された。海軍主計将校として南洋のトラック島の「捨て石」とされた氏の体験を、聞き手・高橋昌紀氏がまとめている。俳句作品に関する部分を抜粋して紹介する。

水脈の果て炎天の墓碑を置きて去る　　兜太

敗戦を迎えたトラック島での一年三ヶ月の捕虜生活を終え、日本への引揚げ船となった駆逐艦の甲板上で詠んだ一句。最後の引揚げ者二百人とともに島を後にした。小生の所属部隊を含め、戦死者はらくに一万を超していた。その人たちを思い、復員後の生き方を決意した一句である。サイパン島が陥落したとき、矢野兼武（海軍主計中佐。詩人で、筆名・西村皎三《こうぞう》）という元上官が戦死した。この人が「金子、句会をやれ。（戦況悪化でトラック島は孤立し）今に食糧が逼迫する。皆が暗くなる」と言っていたことを思い出した。その遺言に従い、句会を開いた。

すると散文詩をやっていた西沢実（戦後、放送作家）という陸軍戦車隊の少尉が同僚将校を四、五人ほど連れてきた。最上級は少佐。こちらは工員一〇人ほどだから驚いた。しかし、西沢は「関係ねえ。同じ人間だ」。たったの三ヶ月だったがすっかりと打ち解けた。無季も気にしなかった。ただ、戦場は戦場。神経は張り詰めていた。

空襲よくとがった鉛筆が一本　　兜太

その時に詠み、今でも覚えている一句。この句会が打ちきりとなったのは食糧不足が原因。周辺の島々に部隊を分散させ、食糧生産に従事させることになった。「虚無の島」だった。軍事的価値を失っていたから、米軍の主力は素通りし、友軍が増援部隊や物資を送ってくるはずもない。工員たちは「捨て子」と自嘲した。軍事教練などなく、日々の仕事は食糧生産ばかり。やることがない。人間が無感動になっていく。生きる意味を見出すことができない。レイテ沖海戦で海軍の象徴たる戦艦武蔵が沈没しても、沖縄が陥落しても、仕方がないとの気持ちだけ。この島での十一ヶ月間俳句を一句も詠まなかった。無意識に。なぜだろうか。それ以前も、その後も、そんなことはなかった。幼少時から、七五調の「秩父音頭」を聞いて育った。実家では父が水原秋櫻子と知人で、句会の支部を作ったりしていた。俳句がアイデンティティーとして私は存在している。それがまったく失われていたのに島では気付きもしなかった。それが戦争なのか。

椰子の丘朝焼けしるき日日なりき　　兜太

海に青雲生き死に言わず生きんとのみ

終戦の詔勅を聞いた後にやっと俳句が自然と湧いてきた。米軍の収容所では食糧がきちんと与えられた。米軍に没収されないように句を書いた小さな紙を丸めて、配給された石鹸に押し込んで内地に持ち帰った。戦後は日本銀行（従軍前に三日間在籍）に復職したが、組合活動をやるなどして睨まれた。課長にもなれずに退職した。しかし、東大を頂点とする学閥を軸に作り上げられた人事体制は身分制そのものであり、半封建制だと思った。トラック島で共に過ごした工員たちの生々しさに比べ、この官僚たちは何なのかと。日本は戦争に負けたのに近代化されていなかった。

彎曲し火傷し爆心地のマラソン　兜太

日本人は何を学んだのか。長崎支店時代の一句。戦後を共に生きた仲間たちも徐々に鬼籍に入っている。皆の名前を毎朝唱え、皆に向き合う「立禅」を続けている。振り返るに戦場での死のむなしさ、異常さを考えずにはいられません。それは「自然死」ではない「残虐死」だ。

本稿で記したことの全ては、ほんの七十数年前まで実際に起こったことである。戦争は修羅の日々であり、大陸や島々は修羅の戦地であった。物凄いことが現実に起こっていたのである。「戦争」という異常事態においては、その時どきの国策の是非を正しく判断することは難しい。

最近「積極的平和主義」という言葉をよく耳にする。戦争に対する人々の拒否反応を和らげるための美辞麗句に聞こえるのは筆者だけであろうか。集団的自衛権とその行使に関する三要件も閣議決定された。しかしこれらの「安保関連法案」を違憲とみる憲法学者は多く、いまだ国内の民意に沿っているとは言えない。

　　また挙手をする日きますか終戦忌　　　緒方　敬

この「安保関連法案」に反対するために、胆嚢癌で療養中であった瀬戸内寂聴氏（九十三歳）は黒い法衣姿で永田町の国会議事堂前にやって来た。平成二十七年六月十八日のことである。彼女は車椅子から立ち上がって、

「最後の力を出して戦争に反対する行動を起こしたい。国会前で抗議の座り込みをしてもいい」

「どうせ（高齢の私も）死ぬならここへ来て、このままでは日本は駄目だよ、どんどん怖いことになっているぞと申し上げて死にたい」

「すぐ後ろに軍靴の音が聞こえている」

「戦争にいい戦争は絶対にない。戦争はすべて人殺しです。人間の一番悪いところ。二度と起こしてはならない」

と訴えた。しかし政府は国内に募る疑義や不安を抑え込み、当法案を強行採決した。政府の言う「国民の命と財産を守るため」という言葉が空恐ろしい。本稿で取り上げた満蒙開拓移民然り、国策として行われた過去の戦争然り、「国民の命と財産を守るため」という全く同じ理由で行われたのだから。

次は筆者の所属する俳誌「運河」の先輩たちの作品である。

敗戦忌還してください少年期　前尾五月夫
敗戦忌酒が不味しと一悟言ふ
地雷なき国の幸せ蕗の薹　中畑　隆男
霾や父の遺骨は石一つ
鰯雲兵の記憶の剝ぐるなし　大家　一悟
夜長なり夢で良かつた夢を見て

以下補足。

『三重県満州開拓史』によれば、三重県全体の満蒙開拓団で未帰還者は千百二十三名に上る。うち熊野市で四十二名、御浜町で四名が未帰還者であり、今も北満州の原野で眠っている。痛ましいのは学校の先生や役場の勧めで高等小学校を卒業した十六歳の少年を満蒙開拓青少年義勇軍として満州に送り込み、三重県ではそのうちの二百三十五名が帰還することができなかったことだ。これは当時の教育関係者にとって痛恨の数字でなければならない。三重県多気郡大台町にその慰霊碑「拓魂」が建てられている。

（「運河」二〇一五年八月号）

鎮　魂――矛盾と心の軋み、そして祈り

本来「鎮魂」とは神道における「たましずめ」であり、生者から遊離した魂を体に鎮める儀式を指す。広義には、魂を外から揺すって魂に活力を与える「魂振《たまふり》」も含まれ、実際宮中で行われる「鎮魂祭」では鎮魂と魂振の二つの儀が行われる。しかし一般的に「鎮魂」と言えば、人の魂、殊に死者の魂（霊）を鎮めることであり、「慰霊」とほぼ同義と見てよいだろう。

そして神仏や祖霊を敬い、慰霊し、祈願し、感謝するための行為・儀式が「祭」である。祭は人間と神霊・祖霊との関係交渉と言えるが、それはすなわち現実界と超自然界との交感ということになる。

祭の発生は原始社会にまで遡る。

かつて諸々の出来事は超自然の力や神霊・祖霊の所為とされた。そのため原始信仰の主力は基本的には祖先崇拝であった。また古人にとって最大の関心事は農作であり、これに関する祈念・呪占が祭の主要部分を占めていた。

さて、現世の生者は天変地異・災害・事件・事故・病・老いなどに遭遇し、数限りない死と向き合わ

ねばならず、生かされた者たちは弥が上にも「鎮魂」の念を抱き続ける。

初日影死者より伸びて来し羽か　高野ムツオ

破魔矢射よ永遠に途絶えし未来へと　同

古の時代から日本人は神霊や祖霊鎮魂の「魂祭《たままつり》」（御《み》霊祭《たままつり》）として、「正月」と「盆」を重要な節目として来た。現在、魂祭は専ら「盆」の行事となっているが、両者は神霊・祖霊を迎えるための大切な民俗行事であったことを再認識しておきたい。ちなみに「仏正月」とは一月十六日に墓参りなどをして祖霊を祀る日で、「先祖正月」「寺年始」ともいう。

正月には年棚・年神棚・歳徳《としとく》棚・恵方棚と称する「棚」をその年の恵方に向けて吊して「年神《としがみ》」を迎える。「年神様」「お正月様」「歳徳神《としとくじん》」という神が正月の各家庭に帰って来るのである。生者はそれを迎え、もてなしをする。この時帰って来る年神様やお正月様とは神霊のみならず、ご先祖様・祖霊のことでもある。

元旦や祖《おや》の心の蘇る　高濱虚子

元日を友と出歩く足墓地へ　右城暮石

三山の初日御霊よかへりませ　同

日々仰ぐ小塩山は
天皇を風葬の山初日差す　茨木和生

正月は各家庭が祭場（斎場）となるため、十二月十三日の「正月事始《しょうがつのことはじめ》」に「煤払」や「松迎」によってお正月様を迎える準備をする。正月の「門松」「注連縄《しめなわ》」「鏡餅」などはその依代《よりしろ》である。鏡餅にはお正月様の霊が宿るとされ、一月十一日の「鏡開き」（鏡割り）で餅を食べるのは鏡餅に宿るお正月様の霊を頂き、自身の生霊《いきみたま》を更に新しくして、今年一年健やかでいられるようにと願うためだ。縁起付けである。また「お年玉（御年霊）」は本来、鏡割りの餅のことである。

遺影下の遺愛ピアノに輪かざりす　及川　貞

そして正月にはお正月様を供養するための神人共食《しんじんきょうし》を行う。皆で持ち寄った食物をお正月様と人（つまりご先祖様と家族）が一緒に食べるのである。正月に使う白木の柳箸の両端が細く丸いのは、私たちが一方の端で食事をし、もう一方の端で同時にご先祖様が食事をされるという考え方によるものだ。

大根をひつさげ一日詣かな　藤本安騎生

喰積も酒も仏と分かちけり　萩野嘉代子

八月になると、嗚呼、またこの季節がやってきたと思う。夏から秋にかけての行合の空や海、山、川は不思議な懐かしさの中にある。辺りはまだ緑なのに鵙の一声で秋の到来を知ることもあろう。八月は祈りの季節。立秋をはさむ二つの原爆忌、迎火と送火のはざまで戦没者を想う敗戦忌、不戦を誓い、鎮魂と追悼に頭を垂れる。そして盆である。

九穴を生者も開き八月へ　高野ムツオ

かなしめり八月砂利の鳴る海を　茨木和生

平成四年八月十二日中上健次死す、その夜

盆の月黒く崩れて来たる夢　同

六世紀半ばの仏教伝来以後、わが国では「盂蘭盆会」が仏教行事の一つとして徐々に確立されて行った。元来盂蘭盆会は祖霊を死後の苦しみの世界から救済するための仏事である。成仏した魂が盆の期間だけこの世に戻るという考えやこの期間中に祖霊を祀るという発想は仏教にはなかった。しかしわが国では、仏教伝来以前にすでに祖霊祭祀が行われていた。神道の御霊祭と仏教行事とが習合したわが国の盆は日本独自の民俗行事と言えよう。

迎火を焚けば生者の寄りきたる　大串章

魂棚の螻《る》蟻《ぎ》蚊《ぶん》虻《まう》を愛しめり　谷口智行

十三日、迎火を焚いて祖霊を家に迎え入れる。家に盆棚を作り、ご馳走を供え、これをご先祖様の四日間の御座とする。盆棚には祖霊が乗る胡瓜や茄子で作った馬や牛を供える。馬にはご先祖様があの世から一刻でも早く帰って来るよう、牛には出来るだけゆっくり彼の世に戻られるようにとの気持ちが込められている。

そして十六日、送火を焚いて祖霊を送る。

魂送りせし浜砂に榁立つ　右城暮石
送り火焚くやがて迎え火焚かれる身　出井哲朗

盆踊りもまた本来は仏教行事であった。平安時代に始められた念仏踊りがルーツとされ、地獄での受苦を免れた者たちが狂喜乱舞する様子を表わしている。これらの霊を供養し、ご先祖様に感謝する意味が盆踊りに込められている。

また現在、「盂蘭盆」と「施餓鬼」はほぼ同意のものとして使われるが、「施餓鬼」は文字通り、人々に災いをなす鬼衆や無縁の亡者の霊に飲食を施すことである。

餓鬼のみが生きゐる穢川川施餓鬼　茨木和生
盆の川水子蛭子や骨無し子　高橋睦郎
川施餓鬼藁の舟方燃え残る　谷口智行

餓鬼（招かれざる魂）は一族の魂と一緒にやって来るため、祀ってあげなければ祟りが齎《もたら》されるという。

＊

死者を思いやって俳句を詠むことができるのは、現実を生きる生者でしかない。一方が生者なら他方は死者であり、現世ではそういった関係性が不断に繰り返されている。しかし実際、頭の中でそう理解していても、死者と生者との不条理で過酷な関係性に我々は常に戸惑うばかりである。我々ができることと、それは死者の尊厳に対する生者としての意思表明と、生者として生きる覚悟を表出することしかない。

生者死者息を合わせて今朝の海霧　高野ムツオ

鎮魂の想いを俳句に詠むという行為は、決定的な喪失感を抱きながら、表現に規制のある最短詩形の世界に斯くなる喪失の虚無と希望を併存させ、生死の端境《はざかい》を探るばかりである。

対極的なものの鬩《せめ》ぎ合い、不条理、矛盾、心の軋み、そして祈り。「鎮魂の想い」を俳句にするには、自らのこうした心情に真摯に向き合うことから始まるのではないだろうか。

(「俳句」二〇一七年三月号)

赤木城哀史――北山一揆と田平子峠について

一．概要

三重県熊野市紀和町にある「赤木城」の城主はかの築城の名手・藤堂高虎《たかとら》である。高虎は天正十三年（一五八五）の羽柴秀吉による紀州攻めの際に北山入りし、その後は文禄四年（一五九五）、四国伊予三郡を与えられるまでの十一年間、北山付近に在居した。

北山とは熊野川上流の北山川流域を指す地名で、今の奈良県吉野郡上北山村、下北山村、和歌山県東牟婁郡北山村、三重県の熊野市と南牟婁郡の北部地方に当たる。

もともと北山とは、海岸沿いの木本《きのもと》（熊野）や新宮から見て「北方の山地」を指した言葉であり、現地の人が北山と自称していたわけではない。地元では「吉野郡神河三村《こうのがわさんそん》」と呼んでいた。

また、北山街道とは和歌山県新宮から北山方面への道をいう。新宮から辿れば、「成川《なるかわ》の渡し」で熊野川を渡り、今の三重県南牟婁郡紀宝町成川から鮒田《ふなだ》、高岡、大里《おおざと》を経、「とろとろ坂（風吹峠）」を越え、片川《かたかわ》・栗須《くりす》を過ぎ、御浜町の上野《うわの》（尾呂志）から風伝《ふうでん》峠を越す。これは当地古来の「筏師の道」である。そして紀和町に入り、丸山、赤木を経、熊野市に入ると、育生《いくせい》町長井から大井に出て、ここで北山川を渡り、和歌山県北山村の大沼に至る。

熊野市五郷《いさと》町の桃崎《ももざき》が旧和歌山藩の端となるが、この五郷からさらに北上すると吉野、大和に至る。筆者も車で奈良に行く際にはこの道を利用する。本稿で述べる「北山一揆」の動向はほぼこの北山街道を逆に辿るような形で新宮へ押し出されたと考えてよい。「五郷」の地名を記憶に留めておいて欲しい（後述）。

北山街道と呼ぶ道は他にもある。木本から井戸川を遡り、深沢峠を越え、神上《こうのうえ》に出、北山川を渡って、七色《なないろ》から不動峠を越え、浦向《うらむかい》（奈良県）から池峰、池原をへて北山川に出る道である。

藤堂高虎以前の紀和・赤木地方について少し触れておきたい。原始・古代・中世における赤木の歴史については今尚不明な点が多い。中世には赤木地域は紀伊国西山《にしやま》郷に属し、室町幕府体制下では守護・畠山氏の所管するところであったというが、その支配は緩やかであった。

応仁元年（一四六七）、応仁の乱勃発とともに足利一門である畠山氏は政長《まさなが》方と義就《よしなり》方に分裂、かの「お家騒動」で激しく抗争する。この頃になると当地の入鹿《いるか》氏などの土豪が力を持ち始める。紀和町内にはこの時期のものとされる中世城館跡が残されている。入鹿陣屋平城跡と呼ばれる大栗須《おぐるす》城跡、長尾城跡、入鹿小栗須《こぐるす》城跡、入鹿本城跡（小栗須堂ヶ谷城跡）などである。

さて、北山在居中の高虎である。

高虎は天正十四年（一五八六）の「北山一揆」で一揆方を壊滅したり（後述）、山奉行として北山・熊野材の伐出しや搬出の差配を行ったりした。この頃北山川の支流である「赤木川」の東岸の丘陵に、高虎によって「赤木城」の城郭が整備された。城跡は標高二三六メートルを最高所とし、丘陵裾との比高は三〇メートルである。赤木川の源流は白倉山で、この山の西麓にはよく知られた「丸山千枚田」が開かれている。赤木城は中世と近世の築城法を併用した平山城で、近世城郭の萌芽ともいうべき城郭機能が備えられている。小規模ながら複雑な虎口《こぐち》形態、石垣の多用という近世城郭の手法が随所に見られ、後に多くの築城を手掛けることになる高虎の初期の築城作品として喧伝されている。

朝靄に浮かぶ城跡は幻想的で、昨今の城跡ブームで「天空の城」などと称され、城マニアの間でも人気がある。しかしこの城にまつわる中世奥熊野最大の悲劇、殺戮の歴史を知る人は少ない。本稿のテーマはここにある。

奥熊野は昔から交通の便の悪い辺境の地であった。南北朝時代に南朝の勢力が敗れると、彼らはこの地に逃げ込み、後南朝の勢力は後々までここを地盤として活動した。

後南朝の根拠地は川上村の柏木、そこから伯母峰《おばみね》峠を越えた南側、あるいは北山川上流の上北山村の河合などであった。当地域の土豪の独立心は強く、豊臣時代に中央の力がこの地に及んでも彼らは容易には屈服しなかった。

秀吉の紀州攻めによってこの地域が平定された時、奥熊野地方に勢力を張っていたのは新宮を本拠とする堀内氏で、その範囲は三重県南部と和歌山県南東部であった。現在の和歌山県新宮市から三重県紀北町の地域一帯に相当する。新宮当主・堀内氏善《うじよし》は秀吉に臣従していたため、この一帯は戦火に見舞われることなく本領は安堵され、やがて秀吉の異父弟・羽柴秀長《ひでなが》の配下となった。

秀長が和泉・紀伊・大和を治め、大和の郡山城で百十六万石を領していた時のことである。この奥熊野で検地を実施しようとしたところ、北山地方で一揆が起こった。

熊野地方が秀吉体制下に置かれたことにより、この地方も近世化への変革が求められたのであるが、その象徴が「太閤検地」であった。しかし奥熊野、北山地方の百姓はこれに大いに反発、強い抵抗を示した。そこで秀長は「北山の者が検地に従わない時は首を切れ」と、家臣である高虎や羽田長門守《ながとのかみ》に命じ、激しい戦いの末に一揆は鎮圧された。先述の通り、こうした一揆を企てた北山地方を治めるために築かれたのが赤木城であった。（→天正の一揆）

慶長五年（一六〇〇）の関ヶ原の戦いの後、徳川方の浅野幸長《よしなが》（浅野長政の長男）が甲斐より紀伊に入国、和歌山城の築城を開始した。幸長は紀伊国・和歌山藩の初代藩主で和歌山城主となる。田辺には浅野知近《ともちか》（田辺城主）、新宮に浅野忠吉《ただよし》（新宮城主）が入った。和歌山に藩主、田辺と新宮に重臣の支城という体制は浅野治世下で形成され、現在の新宮城（二の丸）跡はこの時期に築城されたものである。

天正の一揆からわずか二十数年後の徳川時代、つまり慶長十九年（一六一四）においても、「大坂冬の陣」（徳川家康が豊臣氏の拠る大坂城を攻めた戦い）で新宮城主・浅野忠吉が出陣した隙をついて一揆が起こった。吉野・熊野の土豪たちが再び蜂起して新宮城に迫ったのである。冬の陣を機に蜂起された中世的土豪の最後の一揆であった。一揆は和歌山藩主浅野長晟《ながあきら》によって鎮圧され、多くの者が処断された。（→慶長の一揆）

赤木城南西に「田《た》平子《びらこ》峠刑場跡」がある。豊臣・徳川両政権の重鎮・高虎らの新領主に抵抗した北山の人々がここで処刑された。赤木城跡、田平子刑場跡は、在地の旧来勢力が新領主に対して抵抗を繰り返しながらも鎮圧されて行った過程を示す重要な遺跡と言える。熊野の百姓たちは二度の一揆に立ち上がり、敗れ、多くの者が斬首された。奥熊野最大の悲劇とする所以である。

元和五年（一六一九）、浅野氏に代わって徳川家康の子・頼宣《よりのぶ》（紀州徳川家の祖）が駿河より紀州に入る。頼宣は付家老・水野氏を新宮城に入れ、この地方を支配させる。新宮には、筆者も親しんできた「二の丸」（新宮城跡）や「水野の殿さま」と呼ぶ水野家墓所が整備され残されている。

以下、二つの一揆について詳述する。

二．天正の一揆

深い山に囲まれた奥熊野は農地が少なかったため、当初米による納税は軽減されていた。いわゆる「無主の地」「免税地」であった。しかし秀吉の「太閤検地」はこの地を例外としなかった。安土桃山時代の天正十四年（一五八六）八月、奥熊野（北山地域・熊野山間部）の地侍たちがこれに反発、蜂起したのである。

紀伊の領主であった秀長は八月二十八日、自ら出陣して討伐に当たったが、九州攻めのために兵力を欠き、中途半端なものに終わった。九月九日と十四日の合戦では羽柴方の犠牲も少なくなかったが、九月二十三日までにはほぼ制圧した。しかし連日の大雪のせいで一揆衆への処罰も中途半端なものに留まった。一揆衆は降伏して赦免を乞うたが、秀長はこれを許さなかった。つまり彼は一揆衆を徹底的に成敗すべく、翌年、翌々年と出兵を命じた。「懲罰出兵」である。

天正十六年(一五八八)、多尾城(熊野市五郷町寺谷)を拠点とする一揆勢を、秀長の代官であり紀伊湊の領主であった吉川平介(平蔵)、同三蔵、堀内氏善らが攻め、一揆勢を討伐した。これもまた先の九州征伐のため延期されていた懲罰出兵であった。翌十七年(一五八九)五月には一揆勢の多くが処刑された。

先述の五郷村の一揆は次のように展開した。

検地に反抗した奥熊野の農民は一揆を蜂起、それに対し豊臣軍は軍勢を差し向け、激しい対立となる。平地で戦ったのでは勝ち目のない五郷の農民たちは結束し、村が一望できる岩茸倉《いわたけぐら》に立て籠もる。五郷の在所から見て遥か遠嶺の一つに「えっ、あんな所に立て籠もったの?」と驚くような山頂の絶壁である。岩茸が生えるほどの峻険な山ということであろう。しかし、戦闘のプロ集団である武士階級に農民が勝てるはずはなかった。

一揆方は立て籠もった岩茸倉から追われ、五郷を流れる大又川の「和田堤」(現存する美しい堤である)まで逃げ、激しい戦いの末に討ち死にした。当地で「和田堤の決闘」と称されるものである。残った者はこの河畔で悉く斬首され、その数百六十名に上る。大又川は鮮血に染まった。苛斂誅求《かれんちゅうきゅう》の時代、奥熊野の農民たちは破滅覚悟で立ち上がったのである。

この堤を通ると惨死した百姓たちの魂が飛び交って怪奇現象が起こると長い間伝えられていたが、近年地元住民が慰霊の供養碑を建て、僧侶を呼んで毎年の彼岸に供養している。かくして死者たちの魂は鎮まり、怪奇現象は無くなった。供養碑の隣にはこの惨劇の唯一の目撃者である樹齢五百年の老松が残されている。

また、御浜町と紀和町を境する「風伝峠」は本宮道・十津川道・北山道の交わる所で、幕府方の防衛起点となっていた。熊野古道の一つとして今や観光客に人気の丸山千枚田近くのこの峠において、多数の処刑者が出たことについて地元住民は多くを語ろうとしない。

本一揆の鎮圧に吉川平介が関わったことは先に述べたが、彼は熊野地方の財政的統治にも深く関わった。当時畿内は建築ブームであったため、熊野の良質の木材は高く売れた。平介は懲罰出兵最中の天正十六年十二月、秀長の命令で熊野の木材二万余本を伐採し大坂で販売した。

しかし平介が不正を働いて私腹を肥やしていたことが発覚、激怒した秀吉によって彼は大和西大寺で処刑された。平介の首は長く洛中に晒された。秀長もまた相当の利益を上げていたため、秀吉の怒りは異父弟の秀長にも向けられた。詫びを入れる秀長であったが容易には許されなかったという。

平介失脚の後、天正十七年（一五八九）に秀長麾《き》下の高虎と羽田長門守が北山代官として一揆討伐を再開した。この時に赤木城が築城されたことは先述の通りである。高虎らによる一揆討伐は峻烈を極め、赤木城近くの田平子峠で捕えられた一揆方の人々の処刑梟首《きょうしゅ》が行われた。

古文書には次のように記されている。


高虎は一揆参加者の摘発を進めるため、築城祝いと欺き、祝儀に登城してきた地侍や農民を招き入れ、「何村の誰」と呼び出して手錠を掛け、玄関違いの間に集め、反抗する農民を捕らえ、一人残らず縄を打ち、ここ（田平子峠）まで引き立てて斬首した。

赤木城跡に立って四周を見回せば、祝儀に登城した農民たちが死の直前目にしたであろう風景が今も変わることなく望むことができる。しかし「玄関違いの間」はここに確かに存在したのである。

三　慶長の一揆

江戸時代の慶長十九年（一六一四）十二月に起こった一揆である。徳川方・浅野長晟《ながあきら》の統治（特に慶長検地に伴う家改め「戸籍による身分確定」）に不満を持つ北山の土豪・地侍・山伏らが、新宮領主浅野忠吉が大坂冬の陣に出陣するに当たり、浅野氏の兵力が手薄になったのを機に蜂起した。長晟は和歌山城主であったため、長晟以下浅野勢は大坂城を攻囲すべく出陣しており、一揆方はその留守を衝いて新宮城を乗っ取ろうとしたのである。決起した領民は北山郷四十八ヶ村から総勢三千人であった。

この折、大坂の豊臣方は徳川方である新宮浅野氏を弱体化すべく各地の土豪に一揆を呼びかけていた。神上《こうのうえ》村出身の堀内大学なる者が大坂からやって来て、村々に布令状を回して一揆を勧めた。大学は関ヶ原の戦いで西軍に従いて滅んだ新宮の堀内一族の出とされるが定かでない。

本一揆の起因として、大和や紀州北山郷には旧来の土豪が根強く残存し、多数の農民とともに新しい封建領主の支配に抵抗を示していたという背景がある。このことは先の天正の一揆と同様であるが、浅野氏という新しい封建権力の支配に対するこうした土豪層の反抗に、大坂方の手の入った政治的要素が加味され、大坂冬の陣を機に爆発したものと言える。

一揆壊滅後、新宮では大学を捕らえようとしたが捕まらず、神上村《こうのうえ》（今の熊野市神川町）で大学の母と息子が捕らえられ、二人とも処刑された。

主謀者については次の説もある。

神河三村に住む山室彦左衛門（山室鬼助）という者が、大坂からの内意を受けて一族を語らい一揆を企てたというものだ。当時、大峰前鬼《ぜんき》には「津久《つく》」なる者がいて、山室に賛同してこの一揆に加わった。その他に堀内将監《しょうげん》、中村某、小中某が同意、この五人が大坂に行き一揆の計画を練った。世間では山室・津久・堀内・中村・小中のことを「五鬼」と呼んだ。

五人の内で大坂から帰って実際に一揆を企図し、近郷在々を扇動して廻ったのは山室と津久の二人である。あとの三人は大坂に留まり、和歌山城を乗っ取るために各地を回り、一揆に加わる百姓を募っていた。

こうして浅野忠吉が大坂に出陣中の留守を狙い、熊野新宮の城を窺う一揆勢は津久を大将とし、平谷村（三重県紀和町）庄屋の三助はじめ、大和の北山在々の庄屋、村の有力百姓と堅く示し合わせていた。津久は一揆に加わった百姓等に向かい、こう宣言した。

このたびは大坂の大乱により、但馬守は既に泉州まで進出、さらに大坂へ馳せ参じると聞いておる。従って、和歌山は勿論のこと、田辺にも新宮にも、士分の者から町人に至るまで、まともな者は誰も残ってはいない。この機会に皆で志を一つにして攻めかかれば、新宮を陥すのは簡単である。成功の暁には、それぞれの村の山林田畑等はそれぞれに配分する。新宮の領分はこの津久が支配する。どこの村でも一揆に同意しない者がある場合においては、容赦はしない。

皆は風に靡く草木のようにこれに同調、津久の威勢はますます強くなり、一揆の勢力は予想以上に強力となった。

そして三千余の一揆勢は南下し、新宮城を攻めるべく成川深谷（三重県紀宝町）まで進軍、熊野川の渡河手段がないまま新宮対岸の鮒田村に布陣した。対して、沿海部の領民は新宮の浅野勢に味方し、浅野勢は熊野川を渡って一揆勢を敗退させた。藩側の史料には次のように記されている。

十二月十二日、北山の紀州領吉野大橋国辺りの在地の者、大坂の豊臣方の催促に応じ、浅野公が大坂にご出陣された隙を伺って一揆を起こし、人数三千ばかりにて、四方より新宮を攻撃した。新宮城代の戸田六左衛門勝直等は、留守居の侍、新宮の社人、町人などを集め、新宮の町廻り所々に柵を設け、熊野川の川舟は城際に引き上げ、堅固に守った。一揆勢は新宮対岸の牛が鼻（現在の牛鼻神社の辺り）まで押し寄せたが、城方より川を渡り、即時に追い払い、首を多数討ち取り、生け捕りも多数であった。この時、榎本太郎右衛門が一番に川を渡って無類の働きをした。また、高田八右衛門が鉄砲衆三十人をつれて代官所より新宮に応援に来た。且つ、山崎大炊が雑兵二百余人にて新宮に加勢に駆けつけた。

大坂冬の陣の和議が成立すると、浅野氏は幕府の指示に従って一揆の鎮圧に全力を傾けることになる。浅野忠吉は急遽新宮に戻るや、奥熊野へ侵攻する。一揆勢は蜂起から二十日足らずで「大沼村（現北山村）の戦い」で潰滅した。この際にも先の赤木城が浅野方の拠点として利用された。

浅野軍による残党討伐は峻烈を極め、処分は過酷なものであった。一揆に参加した村々は焼き尽くされ、寺の僧侶や庄屋、大将格は徹底的に処刑された。討ち取られた首は人目に晒され、目鼻を削いで塩漬けにされ、目録を作って幕閣に報告したという。また一揆の道案内人・連絡係・その妻子も処刑された。三十年足らずの間に二回もの一揆を起こしたことに対する徹底的な見せしめであった。

翌、慶長二十年（一六一五）一月には、更なる残党狩りが行われ、一揆に加担した多くの人が再び田平子峠で処刑、処刑者は計三百六十三名を数えた。

その後、赤木城がいつ頃まで機能したかは伝えられていない。後の発掘調査によって出土した遺物は十六世紀末から十七世紀初頭のものとされるから、赤木城は一揆鎮圧後に廃されたと考えられている。つまりこの城は後世改変を受けることなく山に埋もれていた。四百年前の姿のままの城跡を我々は目にすることができるのである。

当地域では長く、「行ったら戻らぬ赤木の城へ、身捨てどころは田平子じゃ」という俗謡が唄われていた。丘に建てられた「北山郷一揆殉難者供養塔」の傍らにある説明板にはこう記されている。

供養塔の建立について

自然の美しさと人の和によってかたく結ばれていた私たちの郷にも天正十六年国主豊臣秀長の北山

征伐、慶長十九年大坂乱の余波による北山一揆等によって大ゆれに揺れました。

天正の兵乱は、豊臣政治が重要施策である検地、つまり年貢取立ての基準となる田畑の測量に対して強く反抗したため、慶長のそれは、豊臣方に味方した吉野熊野の修験者たちに誘われ、徳川方の新宮城を攻撃したため却ってその反撃を受けたものと伝えられて居ります。ともかく打続く凶作と飢饉のため、日々食べることに精一杯だったわが郷土の人々にとっては全くやむにやまれぬ戦いだったに違いありませぬ。

だがそれからおよそ四百年こうした戦いのために可惜《あたら》一命をささげた私たちの先祖の苦しい心境を理解されることなく、殆んど世に忘れられ見捨てられているのは直に痛ましくまた口惜しい限りであります。

私たちはいまそれを思いここに供養塔一基を建てていささか追弔の意を表すると共に、後世永くこうした史実に対する関心と認識を新たにしたいと念願する次第であります。

昭和四十三年九月

有志一同

四. おわりに

赤木城には戦闘、つまり戦火を交えた華々しい記録はない。農民たちの一揆を鎮圧するための城であり、彼らを処刑するために誘《ひ》き寄せた暗い運命の城であった。

本稿で述べた「北山一揆」を単なる地域限定の事象と捉え、その結末だけを見れば、歴史上さほど大きな意義はないと思われる。しかし、中世から近世への移行の時代、異質的な政治的・社会的要素が相互に反発し合い、遂には一方が他方を、武力をもって壊滅せしめたという厳然たる史実がある。

中央から取り残された辺境の土豪的性格、それは近世を通じて中央や藩権力に対し常に従順ではなかった。延いては明治における「大逆事件」の当事者や同調者を生んだ土壌と結びつくものがそこにある。北山一揆とはこうした反抗の先駆的形態、まつろわぬ者たちの先駆的所業であった。

また、土豪に誘導された百姓とは言え、辺境地域で生活の向上を自ら追い求め、彼らが蜂起した一揆は幕藩体制を大いに震撼させ、世の基底であった封建社会を根っ子の部分から崩壊させる礎になった。その精神や行動は、やがて全国的な百姓一揆に受け継がれてゆく。

(「運河」二〇一七年三月号)

III

人物的見地から

佐藤春夫――台湾と中国の旅

はじめに

平成二十六年十月三十日―平成二十七年二月十五日、新宮市の「佐藤春夫記念館」において「佐藤春夫没後五十年企画展――佐藤春夫と〈憧憬の地〉中国・台湾」が開催された。

これに併せて平成二十七年一月三十一日、新宮市福祉センターにおいて「佐藤春夫没後五十年国際シンポジウム」が執り行われた。本シンポジウムの講演は以下の三題であった。

「佐藤春夫の台湾――日月潭と霧社で出会ったサオ族とセデック族のいま」（天理大学教授・下村作次郎氏）

「佐藤春夫と魯迅――媒介としての内山書店」（北京外国語大学副教授・秦剛《しんがん》氏）

「紀行から批評へ――佐藤春夫が台湾を描く時」（実践女子大学准教授・河野《こうの》龍也氏）

これを機に郷土の作家・佐藤春夫について以下論述する。

一・台湾・福建《ふっけん》への旅

一九一八年（大正七）、『李太白』『指紋』『田園の憂鬱』を立て続けに発表した春夫は、ロマン派の旗手として華々しく文壇にデビューした。しかし家庭内の不和や谷崎潤一郎の妻・千代への思慕などから、二年後の一九二〇年（大正九）にはいわゆる文学的窮地に陥っていた。

その年の二月、心身療養のため新宮に帰省した春夫は、台湾で歯科医院を開業する新宮中学以来の友人・東熙市《ひがしきいち》（一八九三—一九四五）と再会する。熙市はこの時、医院建築のための資金集めに台湾より帰省していたのだが、本稿に関するすべては熙市が春夫を台湾周遊に誘ったことに始まる。訪台を促す熙市について、後年春夫は『かの一夏の記』「とぢめがきに代へて」（一九三六）の中でこう記している。

大正九年の暮春であつた。自分は年二十九歳であつたと思ふ。既に十数年前の事である。鬱屈に堪へぬ事情があつて、新緑の故山を見ようと帰つた。（中略）快活な彼は彼の現在の地（筆者註：台湾）の面白さを言葉巧みに聞かせて頻りと遊覧を誘うのであつた。

東熙市は三重県南牟婁郡尾呂志《おろし》の豪商「裏地家」（酒屋東家分家）の四男として生まれた。この地の東酒店は現在も熙市の縁者が営んでいる。熙市は新宮中学卒業後、東京歯科専門学校予科に入学、本郷区湯島新花町にあった本郷座の座方（劇場の使用人、出方のこと）の家に下宿、春夫に同じ下宿を世話した。一九一四年（大正三）に台湾に渡った熙市は、南部の打狗《ターカウ》（現在の高雄《たかお》）湊町に友人の市原孝造（熙市の同期卒業生）と共に新築開業していた。

一九二〇年（大正九）の新宮に話を戻す。

熙市は失意のどん底にあった春夫に熱心に訪台を促し、ついに春夫を台湾の自宅に招待する。当時熙市は二十八歳、妻・ミサヲとの間には生後四ヶ月の娘・てるがいた。医院は打狗山（猿山）を背にした見晴らしのよい高台にあり、春夫は昼はてるの相手、夜は診療を終えた熙市と町に繰り出した。心の籠った東家の歓待により、一ヶ月滞在の予定が打狗だけで二ヶ月半もの間、新婚家庭の居候として滞在し、春夫にとって計百日間の旅となった。

熙市はその後、台南で開業、廈門《アモイ》（中国福建省《ふっけんしょう》南部の町）で勤務医、上海で勤務医、マラッカで開業、広東で勤務医（不詳）など、各地を巡って精力的に診療を続けた。しかし広東時代に肺結核を発症、台北陸軍病院で療養生活を送り、一九四五年の終戦の翌日に腸結核で亡くなった。五十三歳であった。

春夫は短篇小説作品集『観潮楼附近』（一九五七）の中で熙市について次のように記している。

友人Ｈ（筆者註：東熙市）の世話で湯島新花町に移つたが、この貸間は本郷座の出方をしていた大阪の人の二階であつた。困つたのはこの夫婦（出方夫婦）の酒好きであつた。友人Ｈは水道橋の歯科医専にこの家から通学してゐたが、田舎の醸造家の子弟で大酒飲みであつたから出方夫婦がいつも酒の肴を用意してＨにさそひをかけてその流れを頂いて晩酌にしてゐた模様で、その慣例を今度の間借人

（春夫）にも襲用しようといふつもりらしいのに、飲酒癖のないわたくしにはそれが通用しない。追々飲ませようといふのをこちらは一向受けつけない。或は野暮といひ、或は堅い書生さんと云つて、二言目にはHの噂が出る。その闊達豪放な性格の美は事実であるが、暗にわたくしが故無く譏《そし》られてゐるのは決して快くはない。（要約して引用）

このように熙市との同居を煙たがった春夫であったが、熙市は酒に強く豪放磊落、世話好きな好漢として登場し、実際語学堪能で仕事に厳しい努力家であった。訪台を促した熙市は「鬱屈に堪へぬ事情」を抱えていた春夫の救世主であり、さらに台湾における熙市の人脈は後の春夫文学に大きな実りを齎すことになった。

ところでなぜ「台湾」なのか？

木材である。当時の新宮材の台湾取引の増大と、これに伴う新宮人の対台湾渡航の頻度の多さがその理由である。木材集積地として経済的発展を遂げた新宮にとって、江戸時代から明治中期にかけての最大市場は江戸・東京であった。

しかし東北本線などの鉄道開通によって安価な東北材が東京市場に入るようになる。新宮材の東京への販路は後退を余儀なくされ、そこで開拓されたのが大阪市場と日清戦争後に植民地となった台湾への販路だった。台湾総督府が「内地材（日本材）」を使用させる政策を取ったことも幸いした。明治後期から大正、昭和にかけて、日本から台湾へ移出する木材の半分は勝浦港から移出されていた。当時の日本の中で台湾への木材最大移出港が紀伊勝浦であったことはあまり知られていない。

余談であるが、東熙市の孫・東哲一郎《てついちろう》（一九六五―　）は、ファンクバンドGOLDWAXのボーカリストである。ダウンタウンDXオープニングテーマ「カルシウムが足りない」でデビュー。マイケル・ジャクソン「デンジャラス・ワールド・ツアー」のメンバーと共演したのを機に発声法を研究、「スポーツボイス」を開発した。「モーニング娘。」など多くの歌手、俳優、アナウンサー等「声のプロ」への指導も行っている。哲一郎は祖父の友人であった春夫の詩に曲をつけ、ライブで披露することもある。筆者も拝聴する機会を得た。

こうして春夫は熙市の世話により約三ヶ月半、当時日本の統治下にあった台湾の各地を巡り、対岸の中国福建省にまで足を伸ばした。春夫の旅行日程を作成し、台湾原住民族等に関する様々な教示を与えて現地を案内したのは、台湾総督府博物館に勤めていた森丑之助《うしのすけ》（号・丙牛《へいぎゅう》）（一八七七―一九二六）と当時の台湾総督府民政長官・下村宏（号・海南）（一八七五―一九五七）であった。両氏について記しておこう。

森丑之助は京都出身の人類学者・台湾民族の研究家で、鳥居龍蔵（民族学者）の第四回調査の折、新《に》高山《いたかやま》登頂に同行した人物である。新高山とは台湾の最高峰（三九五二メートル）玉山《ぎょくざん》のことだが、日本統治時代ゆえに富士山より高い山という意味で新高山と名付けた。開戦暗号電文「ニイタカヤマノボレ」の、あの山である。台湾山岳地帯を隈なく歩き、台湾原住民文化に精通していた丑之助には『台湾蕃族《ばんぞく》図譜』『台湾蕃族志』などの著作がある。

春夫は台湾到着の翌日、熙市に連れられて台北の総督府博物館に丑之助を訪問した。丑之助は春夫のために台湾山地見物の詳細なプランを作ってくれていた。一部提示する。

九月　八日　打狗出発、嘉義《ジャーイー》付近、北港媽祖宮《マァズゥコン》見物、営林署訪問。
　　　十日　阿里山《アーリーシャン》、付近の山林視察、新高山遠望。
　　十三日　日月潭《リーユエタン》（じつげつたん）。
　　十五日　霧社《ウーショー》（むしゃ）、付近の蕃社視察。
　　十六日　能高山《のうたかやま》、駐在所官舎泊。
　　十八日　彰化《しょうか》泊。
　　十九日　鹿港《ルーガン》見物、台中泊。
　　二十日　台中から台北へ。

これら多くの訪問地から知れるように、春夫の台湾作品における原住民社会への踏み込みは丑之助との交流に拠るところが大きかった。春夫は森丑之助（丙牛）について『詩文半世紀』（一九六三）の中で次のように記している。

丙牛といへば、わたくしより二まはり上の丑歳でもあらうか。それくらい年輩のもの柔らかに静かな中老紳士であつたが、後に聞けば、日清戦争に、人の乏しかつた南京官話（＊）の通譯として従軍し、戦後領台と同時にこの島に渡り、蕃人の研究を志し、言葉にふるさとの京なまりがあり、片足は不自由らしく跛行してゐたが、見かけによらない豪傑で、身に寸鉄をも帯びないで、蕃山を横行して、蕃人からは日本の酋長であらうと噂されているといふ人であつた。

（＊筆者註：南京官話とは南京語音を基礎とした中国語の歴史的な標準語。明朝が首都を南京に定めたことで成立し、明代から清代にかけて官吏が使う共通語として使われた。）

筆者の手元にセピア色に褪せた佐藤春夫著『熊野路』（「小山書店」新風土記叢書、第二編、一九三六）という本がある。茨木和生主宰から賜ったもので、若き日の主宰が「そごう古書部」で購入したものだ。裏扉には他編のこんな広告が載せられている。

第一編　大　阪　　宇野浩二著　既刊
第二編　熊野路　　佐藤春夫著　既刊
第三編　臺　灣　　森　丙牛著　近刊
第四編　東　京　　鏑木清方著　近刊
　　　　京　都　　富田溪仙著　續刊
　　　　仙　臺　　小宮豐隆著　續刊

二編に続き、丑之助（丙牛）による第三編『臺灣』が刊行される予定であった。これに関する逸話がある。一九三六年（昭和十一）、森丑之助の娘夫婦が森の随筆集（第三編「臺灣」）を出版する相談に春夫宅を訪問していた。それにより同叢書の裏扉に本広告を掲載していたのだが、刊行は実現されなかった。

次に、下村宏について。

下村は総督府のナンバー2の地位にあり、春夫と同じ和歌山県の出身であった。彼は台湾宣伝のため同郷の春夫を優遇する指示を出し、これにより春夫は一般の観光客が足を運ぶことのできない山村部まで見学することができたのである。

後年、下村は内閣情報局総裁となり、終戦の一九四五年（昭和二十）八月十五日、昭和天皇による玉音放送の前後にラジオで言葉を述べた人物である。日本経済思想史を専門とする坂本慎一（一九七一—　）に、『玉音放送をプロデュースした男　下村宏』（ＰＨＰ研究所、二〇一〇年）がある。

さて、春夫の足跡は台湾のみならず対岸の中国本土にまで及んだ。中国へは福建省の古い民間交易港の廈門《アモイ》から入るのだが、廈門は迷宮のような路地の街として知られ、外国商館が並ぶ「租界」は一画のみであった。先述の通り、東熙市が勤務医をしていた街である。

この時期、谷崎潤一郎や芥川龍之介も中国紀行文を残しているが、彼らは専ら租界の高級ホテルを鉄道で巡り、日本人に案内される名所観光であった。しかし春夫は中国人青年に案内を請い、地元向けの安宿や職員宿舎に泊った。外国人租界から逸脱した路地裏の世界は当時日本人に対する反感が渦巻く地元住民の生活空間であった。それにも関わらず春夫は、身の危険と疎外感、排日の視線を肌で感じる不安に向き合いながらもその姿勢を崩さなかった。

春夫は福建省の町・漳州《しょうしゅう》に足を運んだ際、次のような美しい作品を残している。

漳州橋畔秋夜曲　　　　佐藤春夫

月いでて／水に映れば／篷船《とまぶね》に
誰家《たがいえ》の子ぞ／笛を吹く／ひよろ　ひよろ。
遊子ひとり／橋に彳《たたず》み／涼かぜに
帽を脱ぎ／うす雲や／思ひ　はろばろ。

漳州には孫文の命令で広東軍閥・陳炯明《ちんけいめい》（一八七五―一九三三）が駐屯し、社会主義的な改革が行われていた。陳炯明はかつて辛亥革命（一九一一）に参加し、出身地の広東に活動基盤を築いた広東省長・広東軍総司令であった。孫文を迎え広東政府を建てたが、まもなく孫文と対立、失脚した。春夫は「閩《みん》南《なん》のロシア」（閩南は福建南部の意。ビンナンとも。）と呼ばれたこの漳州を見学するため、内戦中の危険も顧みず、滞在予定を延期している。通訳として同行した徐朝帆から聞いたとされる「陳三五娘《ちんさんごじよう》」の伝説は、後に春夫の史劇風短篇小説『星』に活かされた。

＊

帰国後、春夫はこの旅を題材として、『日月潭《じつげつたん》に遊ぶ』（一九二一）、『蝗の大旅行』（一九二一）、『旅びと』（一九二四）、『霧社《むしや》』（一九二五）、『女誡扇綺譚《じよかいせんきたん》』（一九二五）、『殖民地《しよくみんち》の旅（一）（二）』（一九三二）、『かの一夏の記』（一九三六）など十五作品を発表、それぞれ高い評価を得ている。訪台時の代表作『女誡扇綺譚』に春夫は次の献辞を掲げている。

この稚拙なる曽遊記念の一作を敢て上梓して謹みて、当時の台湾総督府民政長官・下村海南先生、並に、台湾蕃族志著者・森丙牛先生に献ず。両先生が当年の厚志は生の永く肝銘するところ也。

大正十五年一月　　佐藤春夫

本書の「あとがき」で春夫は「この作を悪評した評家を甚だ軽蔑することになつたことは事実である」と述べている。下村・森両氏がいかによき春夫の恩人でありサポーターであったかを窺わせる一文である。以下、いくつかの作品について概説する。

『日月潭に遊ぶ』の「日月潭」とは台湾南投県魚池郷に位置する台湾最大の湖の名である。湖の北側が太陽（日）の形、南側が月の形をしていることからの命名だが、略称は日と月の合字より「明潭《みんたん》」という。春夫は湖畔の涵碧楼《かんぺきろう》に宿泊し、ここで働く女性に恋しい人の面影を見ている。

その後、日月潭はダム湖となり、湖面の水嵩は二十一メートル上昇、涵碧楼のあった所はダム湖に沈んでしまった。

紀行文『霧社』の霧社とは台中州能高郡《のうこうぐん》にある小さな町の名で、現在の南投県仁愛郷に当たる。春夫が霧社を訪れたのは、近くのサラマオで原住民の武装蜂起があった直後であった。霧社に住む高山族が日本人七名の首を伐って殺戮した「サラマオ蕃抗日事件」（一九二〇）である。『霧社』の中で春夫は「霧社の日本人は蕃人の蜂起のために皆殺しされたといふ噂を初めて耳にしたのは集集街《しゅうしゅうがい》に於いてである」と記し、破壊されてゆく原住民社会の実情を伝えている。

それから十年後の一九三〇年十月二十七日、大規模な「霧社事件」、すなわち台湾原住民セデック族の武装蜂起事件（抗日暴動事件）が勃発する。日本当局は軍と警察を出動して鎮圧したが、これにより七百名の暴徒が死亡、もしくは自殺した。日本人は百三十四人、台湾人二人が死亡。掃討戦で戦死した日本軍人と味方蕃兵士はともに東京千代田区の靖国神社に祀られている。（ここで述べた「暴徒」「味方蕃兵士」という表現は歴史的解釈から見れば適切でないかもしれない）

霧社事件の舞台となった「公学校」は現在「台湾電力」になっている。

小説『女誡扇綺譚』は、廃港の安平港《アンピン》の最も奥に位置する禿頭港《クッタウカン》（仏頭港）に建つ廃墟で起こった若い男の首吊り事件をミステリアスに描いたいわゆる探偵小説・怪奇物語である。この廃墟は台湾南部一の船問屋の富豪「沈家《シンケ》」の幽霊屋敷という噂があった。その二階から「どうしたの、なぜもっと早くいらっしゃらない？」という若い女の声が招くように聞こえてくる。新聞記者の「私」と台湾詩人「世外眠《せがいみん》」はその事件の真相を突き止めようと、第一発見者の娘を取材に出掛ける——といった内容である。台湾の過去と現在を生きた二人の憐れな少女の運命を軸に、植民地支配に対する春夫の鋭い批評眼が光る作品となっている。旧禿頭港の近くには今も、オランダ様式の陳家（作中では「沈家」）の廃屋が残されている。

この『女誡扇綺譚』発表当時、日本文学界では「典型的な異国情緒（エグゾチスム）の文学であり、外地文学としても、世界文学に覇《は》を争う大文学ではない」という評価が比較文学者・島田謹二（一九〇一—一九九三）によって与えられた。しかし、中国文学研究者・藤井省三（一九五二— ）は『女誡扇綺譚論』の中で、「春夫は宿命的な植民の島を舞台に日本統治下の台湾人の暮らしと心理を、偏見や差別意識を抱くことなく、むしろ共感を示しつつ日本人読者に向けて描いた。台湾ナショナリズムへの友愛に溢れる春夫の眼差しから生れた作品である」と島田評に異論を唱え、『女誡扇綺譚論』を大絶賛している。

『殖民地の旅』（一九三二）には、台中近郊の阿罩霧《アダム》（霧峰）で、「台湾議会の父」と称された著名な民族運動家・林献堂《りんけんどう》（一八八一―一九五六、作中では「林熊徴《りんゆうちょう》」）と政治談議を交わし、互いに意見を応酬する場面が出てくる。ここで春夫は、同化の建前に潜む植民地の支配構造の矛盾に気づき、政治的・社会的優位に立つ者（春夫自身、あるいは日本人）がそれに気づかぬこと自体の暴力性、春夫自身の言葉の傲さ、認識不足に恥じ入るのであった。

台湾には一八九五年と一九四五年の「二つの戦後」がある。一八九五年は日清戦争後の「下関条約」によって台湾が清国から日本に割譲された年、一九四五年は太平洋戦争の終戦により日本が無条件降伏をした年。この間の五十年、台湾は日本による植民地支配を受けた。台湾における二つの戦後は支配者が入れ替わることにより、この国の「国語」自体が変わったことを意味する。幾度も言葉を奪われてきたということは彼らのアイデンティティーまでもが分断される辛苦を舐めたということに他ならない。

春夫訪台時の当地の住民構成は複雑である。元々台湾には太古より独自の文化を育んできた原住民（蕃人）と、十七世紀初頭（明末清初）以来中国の福建・広東から移住してきた漢民族（本島人）とが住んでいた。ここに日本人の移民（内地人）が加わったのである。

当時台湾には九つの原住民がいたようだが、現在は十九の原住民がその権利を認められ政府の保護下にある。

当時の台湾言語は次の通りである。

内地人…日本語
本島人…閩南語《みんなん》（福佬《ふくりょう》語）と客家《ハッカ》語
高砂族（現、原住民族）…南島諸語（オーストロネシア語）

その後も世代によって言葉が異なる時代が続いた。さらに台湾は過去に、三十八年間（一六二四―一六六二）に及ぶオランダ（東インド会社）統治時代もあった。オランダ→中国→日本という支配を受けるという台湾の長い歴史にあって、春夫の台湾文学は日本統治時代の台湾を舞台に、その時代に暮らす原住民族の視点に寄り添うかたちで描かれたのである。

近年、台湾の「原住民文学」が盛んである。その代表作家にシャマン・ラポガン（夏曼・藍波安）がいる。ラポガンは台湾原住民族の中で唯一の海洋民族・タオ族の出身。一九五七年に台湾の離島・蘭嶼《ランユー》（ラン島）の紅頭《イモロッド》部落に生まれた。漢名は施努来。中学を卒業後、島を離れ台東の高校に進学、その後原住民子弟対象の大学推薦制度を拒否し、台湾各地で働いた後、淡江大学フランス語文学科に進学、卒業後は台北で暮らしていた。

故郷・蘭嶼に放射性廃棄物貯蔵施設が建設される計画が明らかになると、ラポガンは反対運動に立ち上がり、一九八九年、家族と共に蘭嶼に帰る。

一九九八年には国立清華大学人類学研究所の修士課程に進み、人類学修士の学位を取得、現在は国家実験研究院海洋科技研究センター准研究員。反核・反原発の活動家でもある。

著作には『冷海深情』（魚住悦子訳）、『空の目』（下村作次郎訳）など。ラポガンは太宰治の娘で小説家の津島佑子（二〇一六年二月逝去）とも懇意であった。

二．中国本土南方への旅

訪台から七年後の一九二七年（昭和二）七月、来日した中国の劇作家・田漢《でんかん》（一八九八―一九六八）に誘われ、春夫は妻・多美と姪・佐藤智恵子を同伴して神戸を出港、上海・南京を旅した。そこで中国の若い作家たちとの交流を温めたのだが、中国を代表する作家・魯迅（一八八一―一九三六）と春夫との文学的交流のきっかけとなった旅でもあった。

この旅の途中、春夫は西湖から帰ったばかりの上海の宿で芥川龍之介の自殺の報を聞く。次は上海より日本に送った春夫の弔電である（原文は片仮名）。

上海より。

西湖より帰りてその訃を聞く。あやしみ（筆者註：心が痛み）悲しみ胸潰る思い。この地は故人曾《そう》遊《ゆう》の所。帰りて共に語るべきこと少なからざるに人既に亡し。この宿に泊つてゐたことありと風呂番のオヤヂも悲しめり。面影目に浮かび来たる。　佐藤春夫龍之介に関わるこんな逸話もある。

春夫が台湾で能高山に登った時、能高駐在所で記帳を行った。「本是山中人《もとこれさんちゆうのひと》」と記したのだが、実はこれは龍之介が揮毫する際に使う名号であった。龍之介は『羅生門』の出版記念パーティを鴻ノ巣の店で行った際、店の主人が揮毫を願った本に龍之介は「本是山中人」と記している。能高駐在所での春夫の記帳は東京で生まれ育った都会人の龍之介に対し、熊野出身の春夫が「龍之介のどこが山中の人だ、我こそ山中の人だ」と皮肉り、面白がって書いたものである。龍之介自身は東京の人間だが、実父・新《にい》原敏三《はらとしぞう》は山口県岩国の人であり、龍之介が山中を知らぬわけでもなかった。岩国市美和町の龍之介父系の菩提寺「真教寺」には龍之介の「本是山中人」の石碑が建てられている。

さて、中国の大文学者・魯迅をわが国に最初に紹介したのは佐藤春夫であった。これに触れる前に、まず二人の日本人、増田渉《わたる》（一九〇三—一九七七）と内山完造《かんぞう》（一八八五—一九五九）について記しておかねばならない。

増田渉は一九〇三年（明治三十六）島根県生まれ。東京帝大生であった増田は春夫に師事し、中国古典小説の翻訳を手伝った。卒業後も春夫の下訳《したやく》（翻訳に際して大まかな草稿をすること）を務めていた。二十七歳になった増田は下訳代を貰うために訪れた東京の春夫宅が留守だったため、帰省中の春夫をはるばる那智勝浦町下里まで訪ね、「懸泉堂《けんせんどう》」で一泊した。懸泉堂とは下里にある佐藤家先祖伝来の家塾で、現在も建物は残されている。はるばる増田が訪れたこの時、春夫は中国への遊学を希望する増田に、上海で書店を経営する内山完造宛の紹介状を書いている。

一九三一年（昭和六）三月、増田は内山宛の紹介状を持って上海に赴き、内山から紹介された魯迅に師事することになった。同年十二月「上海事変」のため帰国を余儀なくされた増田であったが、幸運にも魯迅による十ヶ月間の翻訳個人レッスンを受けることができたのである。

帰国後も魯迅と増田の書簡の往復は、春夫を交えながら続いた。魯迅の病気を見舞うため、増田が上海を再訪したのは一九三六年（昭和十一）七月で、その三ヶ月後の十月、魯迅は喘息発作で急逝した。

増田は後に、春夫とともに『魯迅選集』を刊行し、松江高等学校（島根大学）、大阪市立大学、関西大学教授を歴任した。増田の最後の弟子は冒頭で述べたが、「佐藤春夫没後五十年国際シンポジウム」の基調講演を行った台湾文学研究者・下村作次郎氏（一九四九―　）である。ちなみに氏は和歌山県新宮生まれで新宮高校の卒業生、筆者の先輩である。

次に、内山完造である。

一九一三年（大正二）、二十八歳の内山は参天堂の目薬の出張員として中国に渡った。その四年後、妻・美喜の内職用にと上海に内山書店を開業する。クリスチャンであった完造は美喜にキリスト教関係の書を扱わせていたが、完造が参天堂の出張員を辞めて自身が書店経営に専念したのは一九三〇年（昭和五）のことであった。

その後内山書店は、当時上海で活動する左翼作家の著作の主要な販売店となり、中国の社会主義運動の武器とも言える「本」が数多く売られていた。店内は来客がすぐ手に取れるように図書館のように書籍が陳列され、読者は読みたい本を自由に取って読むことができた。宇治出身の美喜は日本から宇治茶を取り寄せ、書店内に「雁ヶ音茶館」を開き、進歩的中国人はよくここを利用した。中日の文人や進歩的文化人が日中文化交流の窓口として集まるサロンとなった。時に世は日中戦争（一九三七―一九四五）

の空気が日増しに高まってゆく時代であった。

一九二七年（昭和二）十月五日、魯迅が内山書店を訪れたことを機に、内山と魯迅は意気投合して親交を深めて行く。

一九三二年（昭和七）の「上海事変」の際、魯迅は一時内山書店に避難した。内山は当局にマークされていた魯迅を計四度匿った。郭沫若《かくまつじやく》（中国の近代文学・歴史学の先駆者）、陶行知《とうぎようち》（中国の教育家）などの左翼文化人も官憲の追及を逃れるためこの書店に身を寄せている。すでにこの年、春夫は内山への書簡の中で、

魯迅先生の譯著の如きは必ず出版し得可しとの自信有之候間　喜んで何れかへ紹介致可く且つもつと何か纏つた仕事を出版社に企てさせて……

と記している。魯迅全集が日本で知られることを春夫が強く望んでいたことが窺われる。

一九三二年（昭和七）、内山書店は魯迅の著作の発行代理店になる。魯迅は「三閑書店」の名義で多くの本を出版、それらは内山書店が代理販売店となった。魯迅は人生最後の九年を同書店から徒歩三分以内の所に居を構え、大量の日本書籍を買い込んでいたという。

一九三五年（昭和一〇）、完造の弟の内山嘉吉が東京で内山書店を開店、魯迅の作品を中心とする書籍の販売を始めた。入口に掲げられた「内山書店」の扁額は郭沫若が書いたものである。

一九三六年（昭和十一）に魯迅が逝去すると、内山は「魯迅文学賞」を発起し、魯迅全集の編集顧問

となる。

東京の内山書店は嘉吉の息子に引き継がれ、現在も扱う書籍の半分は中国書籍で占められ、特に魯迅の著作は充実していることからも、魯迅と内山完造が結んだ中日間の友情はこのような形で今も日本で受け継がれているのである。

魯迅を日本に紹介するために尽力したのは佐藤春夫であることは既述の通りだが、春夫自身が翻訳した魯迅作品は『故郷』と『孤独者』の二作品であった。一九三二年（昭和七）一月号「中央公論」での『故郷』翻訳と原作者の紹介は、わが国への魯迅紹介の端緒となった。

春夫は漢語の素養はあったが漢語と中国語とは異なるものであり、中国語を日本語に翻訳するのは大変なことであった。そこで春夫はすでに英訳されたものと見比べながら翻訳を行った。その結果、魯迅は自身の原作『故郷』より春夫訳の方が良いと周囲に漏らしていたという。意外なことだが、春夫は生前の魯迅に直接会っていない。

改めて魯迅について記しておく。

魯迅は二十三歳で日本の仙台医学専門学校に入学したが中退。その後東京で文学運動に関わり帰国した。

四十歳、中国の国民性を批判した『阿Q正伝』刊行。一九二一年（大正一〇）のことである。

四十二歳、『現代日本小説集』（魯迅・周作人《しゅうさくじん》共訳）を刊行。共訳者・周作人とは魯迅の弟で、中国の散文作家・翻訳家である。この本の中には春夫の作品四編も収録されている。

魯迅五十一歳、「上海事変」（一九三二）の際は先述の通り、内山書店に避難。

五十三歳、『魯迅選集』（一九三五、春夫・増田共訳）刊行。この本には春夫の提案によって解説の代りに増田著『魯迅伝』が収載されている。この『魯迅選集』は約十万部が売れ、魯迅を日本、及び日本植民地統治下にあった台湾・朝鮮に普及するのに大いに寄与した。

五十四歳、『北平牋譜《ほくへいせんぷ》』（一九三三）刊行。北平は今の北京、牋譜とは書簡の記述を集めたものという意味である。明清時代から北京に伝わる木版水印の大型便箋を復刻した一書である。魯迅は序文に「中国版画史上に不朽の傑作ではないまでも、まずは小品芸術史の足跡を見てとれる」と記している。

一九三四年三月二十七日の魯迅の日記にも「（北平牋譜の）一部を佐藤春夫君に送る」と記されている通り、現在日本に僅かに残る本書の裏扉には「佐藤春夫先生雅鑒《がかん》　魯迅　一九三四年三月二十七日　上海」（雅鑒は謹呈のこと）と献辞が施され、奥付には「全百部中第八十四部」とある。魯迅揮毫になる春夫への貴重な献呈本であり、実物は新宮市の「佐藤春夫記念館」に所蔵されている。

また魯迅は春夫編集の雑誌『古東多卍《ことだま》』全八冊を所蔵していたこと、『世界ユーモア全集―支那編』には増田渉によって魯迅の『阿Q正伝』を収載していることなど、彼らの文学的、相互的な深い関わりを示すものである。

おわりに

藤井省三著『春夫と龍之介と中国文学』（一九九九）には次のように記されている。

佐藤は一九二〇年の訪台をきっかけとして小説『女誡扇綺譚』や旅行記『殖民地の旅』を執筆し、日本の殖民地支配に対する批判と台湾ナショナリズムへの共感を語っている。この台湾旅行の一年後には中国からの留学生で後に著名な文学者となる田漢、郁達夫《いくたつぷ》（一八九六―一九四五）らを自宅に招き、親しく交際している。そして一九三〇年代には、若き中国文学者の増田渉を仲介役として、佐藤は岩波文庫『魯迅選集』を編訳し、さらには健康に優れなかった魯迅を日本に療養に招こうと奔走したのである。

最後にこの時期における春夫の訪台・訪中の文学的評価について記しておく。

春夫は内地人でありながら、台湾原住民族の立場に立ち、その時代の台湾に多大な関心を持った文学者であった。日本統治下にある台湾の人々の思想や生活感情に理解ある態度を示し、近代文学のテーマや素材として初めてそれらを取り入れた作家と言える。中国においては魯迅の小説を優れた近代小説と認め、日本の中央文壇に紹介した。こうした春夫の先駆的な視座の確かさには驚かされるばかりである。

（「運河」二〇一七年一月号）

隠国の女たち——神仏習合、火水《かみ》、無格社の神々のこと

里山を巡っていると土に向かう老人によく出遭う。

その日出会った老女もまた黙々と手で土を掘り、掻き、毟《むし》り、鍬や鎌で大地を打っていた。

山 桜 あ さ く せ は し く 女 の 鍬　　中村草田男
秋 耕 の 終 り の 鍬 は 土 撫 づ る　　能村登四郎

土を起こす道具である鍬は手の延長である。耕耘機はさらにその延長と言える。機械は作業効率を良くしても人の手や指、爪の緻密さには到底及ばない。

「たがやす」とは土をひっくり返し、植えた苗が根付くのに必要な空気中の酸素を土に補給すること。「たがやす」の「た」は「手」であり、手枕《たまくら》、手折《たお》る、手向《たむ》ける、手力《たぢから》のように熟語として用いる時、「手」は「た」と読む。「かやす」は「返す」の古語だ。

見事な秩序を保ちながら手や鍬を精巧に動かす彼女たちの仕種、過不足のない力の配分、自らの労働

で家族を養ってきた者の自若たる挙止。農の生活にある単調な繰り返しは一見ささやかであっても、どれ一つとして無駄な動作はない。悠々たる時の大河における農の位置づけをそこに見出すことができる。

その日出逢った老女の家の向かいは廃家となっていた。

畑の隅には蜜柑に水を遣るためのセメント製の巨大な水槽が据えられている。腐臭が漂っている。溜められた水が使われていないのだ。錆びついて倒れかかったキウィ棚には夥しい数の果実が実っている。

「わしのヘルパーがそのキウィを欲しいと言って来たけど、わしでは決められん。そこの家の主は死んでしもたし、息子は名古屋や。会社の偉いさんらしいけど、病気で倒れてもう長いことないみたいや」

相継ぐ過疎や廃村の風景、残されて年老いた彼女らの姿を見ていると、かつて筵旗を掲げ、村一揆へとなだれて行った思考の過程やその熱量、情念の叫びに思いが到る。

解体する村落、離農離散者の精神、社会制度の矛盾と歪み。最近ではあまり使われなくなった「社会病理」という言葉が頭を過ぎる。

踊るなり一揆前夜の顔をして　　上野山明子

筆者は自院開業の傍ら、かつて二ヶ所の特別養護老人ホームの嘱託医として勤務していた。熊野の各地から一人暮らしの老人や家族との生活が困難になった人たちがここに寄せられて来る。併せて百五十名。その九割が八十歳から九十代歳台の女性であり、そのほとんどが認知症を患っている。うち三割が完全寝たきりで全介助を要する。百歳以上も三名いる。

彼女たちが終戦を迎えたのは十歳から二十歳台。戦中・戦後の日本を、熊野を、村々を、家族を支えてきた人たちだ。労働をしながら子供たちを育て上げてきた節くれ立った手指、激動の時代を見続けてきた、皺くちゃの顔に埋まった小さな目はいつも潤んでいる。

父と子の形同じく秋耕す　西東　三鬼

耕して天より帰り来るごとし　鷹羽　狩行

さらに歩を進めると、段畑の草を毟る老女に出逢った。土に憑かれ、あたかも己を土に返済するかのような緊密な仕種は、土という母胎に回帰する人類の代表のように見える。

彼女は地に爪を立て、腰を屈め、土中に張った根を毟りながら何かを呟いている。祖霊の声が聞こえているのだと思った。亡んだ者の声を自らに語り返し、飽くことなく地との対話を繰り返す。限られた生活の一地点に暮らし、地を拓き、懸命に働き、家族を養ってきた生命の源、神聖なその姿、日本人のルーツはここにある。

*

わが国における原初的な宗教は二つある。

一つは「自然信仰」、いわゆるアニミズムである。人々は自然界のあらゆるものに神を見出し、自然とともに生きて来た。国土の至る所、山頂や水辺、滝や淵、田や畑、野辺や路傍、器物などにも姿なき精霊が宿ると信じ、これらの精霊こそが「神」であった。

灼けゐたり漢の触れし岩も樹も　　茨木　和生

もう一つは「祖霊信仰」。人々は祖霊を神として敬い、死霊は一定期間山に隠れ、時折里に下り、子孫と交わると信じた。下北半島の恐山、伊勢の朝熊山《あさま》などには今も宗派を問わず、先祖供養のために善男善女が参詣する。

こうした精霊信仰の日本に大陸から仏教が伝来したのであるが、祖霊信仰と仏教に共通するのは「山」であった。神や祖霊は山に宿り、仏も山に宿る。山への信仰は後に神道にも仏教にも取り入れられた。仏寺に山門や山号があり、神道に鎮守の杜がある。神仏習合の下地はすでにこの時期から存在しており、修験道の「山岳信仰」もこの脈絡の中にあると言えよう。

何事のおはしますかは知らねどもかたじけなさに涙こぼるる

空海を開祖とする真言宗の僧徒西行が伊勢神宮に参詣した折、その神々しい佇まいに胸を打たれた時の歌だ。

かねてより仏教を拒絶し、僧徒の内外宮参詣を拒否してきた伊勢神宮であったが、西行は宗教という壁を越え、神宮に漂う聖性を普遍的なものとして詠った。「かたじけなさ」とは大いなる存在から受ける超越的な慈しみである。「本地垂迹説」は衆生救済のために仏が姿を変えて日本古来の神々となり、わが国に現れるという一つの表現、いわゆる「神仏同体説」である。掲歌の場合、神宮の天照大神を真言密教の大日如来の垂迹とする。

さかきばに心をかけむゆふしでておもへば神もほとけなりけり　西行

さらに西行は木綿《ゆう》の垂れた榊葉に心をこめて祈れば、神も仏と同じではないかと詠む。神仏同体についてこれほど明確に詠んだ歌は他にない。

西行の敬愛した空海について少し記しておく。

空海が唐より持ち帰った真言密教を京の都に布教するため、その根拠地として嵯峨天皇より賜ったのが東寺である。

学問、芸術、布教に類い稀なる才能を発揮した空海は、まさに日本仏教界のスーパースターであった。全国各地に寺院、仏像、思想など数多の足跡を残し、数え切れないほどの伝承が残されている。和歌山県串本町の橋杭岩は空海が立てたとする伝承もあり、そのスケールの大きさには驚かされる。三重県熊野市井戸町大馬にも「水大師《みずたいし》」なる史跡があり、ここに湧く水は今も尽きることがない。

*

「神」は「火水《かみ》」である。水に火を当てると湯になり、風呂に入れば身も心も温まる。その心地よさと一体感は神に抱かれた心地そのものだ。「茶の湯」も火と水で成り立つし、米も火と水で炊く。神棚や仏壇にもお供えの水と蠟燭の火を灯す。水と火で家中を浄化するのである。また祓い浄めの儀式は水で禊《みそぎ》を行い、火で煩悩を焼き祓う。

火には縦に上がる「陽」の働き、水には横に広がる「陰」の働きがある。「父」は火、陽、縦の働きであり、

「母」は水、陰、横の働きだ。父は子種の火を付け、精神を子に伝え、母は羊水という水に包んで胎児を育み、産後は母乳という水を与える。子が道で転べば、父は「泣くな、立ち上がれ！」と縦の働きで叱咤し、母は「痛かったね、大丈夫、大丈夫」と子を横たえ、撫でて癒す。

つまり神道は父の陽の働きで元気を湧き出さしめ、これは神社の持つ力である。仏教は母の陰の働きで慈悲や救いを与え、心を楽に落ち着かせる。これは寺院の力である。その両方を頂ける日本はまこと有難い国ということになる。

台湾に「水火同源」と称する旧跡がある。小さな洞窟から蒸気と火が同時に噴き出し、その火は過去に一度も消えたことがない。その近くに濃灰色の湯を湛える「泥温泉」がある。湯の成分が毛孔から浸透して経絡《けいらく》を通って体中を巡り、身体の養分になる。水と火とで成るこうした温泉も神（火水《かみ》）の力によって人を癒す力を秘めているという。

かつて遣唐使が持ち帰った膨大な医学文献を平安時代の鍼《はり》博士・丹波康頼《たんばのやすより》が『医心方《いしんほう》』として集大成した。その中に中国の貴重な房中経典『素女経《そじょきょう》』『玄女経《げんじょきょう》』『玉房秘訣《ぎょくぼうひけつ》』が収められていた。中国で仙女《せんにょ》と呼ばれた素女《そにょ》の『素女経』では、火（陽）と水（陰）に喩えて男女の違いを次のように説いている。

> 火は燃えやすく消えやすい。水は温めるのに時間がかかるが一度熱くなると冷めるのにもゆっくりしている。燃料がないと火はつかないが水は水のまま。水を温めるには火が必要で火を消すには水が必要。美味しい料理には火加減と水加減が大切。男女の交合も同様。

話を戻そう。明治維新後、「神仏判然令」によって神仏習合が否定され、神仏分離が図られた。これにより神道と仏教は別々の組織形態となる。また同時に「修験道廃止令」によってこれまで民衆とともにあった修験道が廃止される。

しかしそれらは寺社の体面上、行政上の区別であって、わが国の人々の生活の実態は、家に仏壇と神棚があり、正月に宮参りをし、盆に寺参りをするといった神仏習合による営みが連綿と伝えられてきた。冒頭に述べたように日本人の心には古の時代より神仏混淆の素地があったため、神道側も仏教側も、どちらが良くてどちらが悪いといった明言はなされず、争ったこともなく、むしろ両者は互いの整合性を求めてきた。

神道の鏡「御神鏡《ごしんきょう》」にぼんやりと仏が映る現象を具現したものが「懸仏《かけぼとけ》」である。筆者の出身地新宮市の阿須賀《あすか》神社境内からも懸仏が出土している。多くは鎌倉時代のものという。

また、奈良春日の地に神が降り立った七〇〇年代、すでに平城京に仏教が入っていたが、都の平安を守るために春日大社に興福寺の僧がしばしば参詣した。「春日曼陀羅図」には神の降り立った御蓋山《みかさやま》の上方に仏が描かれ、春日の森が神仏の交わる場所であることを示している。

神仏習合の歴史の中で生まれた巫的僧侶「巫僧《ふそう》」もいたし、近世に宗教色が薄まり遊芸となった「祭文《さいもん》」はその起源は神道の祝詞《のりと》であり、中世に仏教の影響を受けて民間への布教手段とされた。また神仏習合の思想に基づき神社に付属して建てられた寺院・仏堂などの神寺複合施設「神宮寺《じんぐうじ》」がある。

以上のように神仏を同等に崇め、教祖や教義を持つ宗教の概念から外れたところにわが国の「神仏習合」がある。こうした日本の「多神教」についてある宗教家がこんなことを語っていた。

例えば中東の国々のように周りに何もない砂漠の中で生き残ってゆくには、一人のリーダーの意思によって右に行くか左に行くかの判断をしなければならない。それが一神教である。周りに森もあれば山も川も海もあり、昆虫、動植物などあらゆる物が存在する日本ではそれぞれの専門家がいるわけで、例えば毒キノコの専門家が一国のリーダーにはなり得ない。それが多神教だ。

世界で大勢を占める一神教がしばしば宗教的対立を回避し得ないことを我々の祖先は本能的に悟っていたのかもしれない。しかしわが国においても、その時代の政治権力が特定の宗派を偏重した時、数々の不幸な事態を招いてきた歴史がある。戦国大名たちがキリスト教の重用を急いだ時に大混乱が生じた し、南朝（吉野・賀名生《あのう》の大覚寺統系）と北朝（京都の持明院統系）が対立した時にも長年の抗争が生じた。先の太平洋戦争では国が「皇国史観」と「国家神道」を掲げたところに不幸な争いが生じた。昨今の靖国神社参詣問題もこの流れの中に含まれよう。

しかしわが国の人々はどんな時代であっても、土着の自然信仰や祖霊信仰を軽んじることはなかった。明治政府によって自然信仰が禁止され、日本は近代合理主義に向かって舵を切ったように見えた。しかし労働と生活のみが心の全てではなかった。人々の心の中で自然現象は神意の現れと信じ続けてきた。自然の声に耳を傾け、神のまなざしを読み取り、神の呼びかけに応え続けたのが我々の祖先である。それは生きてゆく上において欠かすことのできない大切な営みであった。

義理と人情の世界を描いた大衆文芸の祖に長谷川伸《しん》（小説家・劇作家）がいる。彼はこんな文章を残している。

日本人は神を信じないかわりに人間を信じたのであり、人間の「想い」とか、「怨み」とかいったものを信じたのである。それが信仰としては祖霊信仰や生霊死霊のたたりの思想となり、日常のモラルとしては、人の期待を裏切ってはならぬという、義理人情の思想となったのだと思う。

（『長谷川伸全集』第十六巻、付録月報十六）

劇作家の目から見た鋭い洞察である。

外国人に「あなた方の信じる宗教は何か？　自分の国の宗教をどう思うか？」と尋ねられたら我々はどう答えよう。これまでの自己卑下的で無宗教的な答え方を改め、筆者ならばこう答えようと思う。「我々の祖先は神仏習合の概念のもと、自然と祖霊を長く大切に祀ってきた。我々もまたそれを受け継いでいる。日本の自然信仰・祖霊信仰は神だけでなく人に対する信頼感情、人情、生霊死霊の祟りの思想とともにある。そういう意味も含めて日本は多神教である」と。

＊

御浜町の神木《こうのぎ》という在所に原地《はらぢ》神社という立派な村社がある。近くに住む老女はここに足を運ぼうとせず、旧道の三叉路に据えられた小さな庚申塔にお参りに行く。朝早く起きて十円玉を一個供える。認知症を患う彼女であるがここに参ることだけは忘れない。

隠 国 は 人 家 包 み て し ぐ れ け り　　藤井冨美子

先述の通り、神社と寺院が分かれたのは明治新政府によって発布された神仏判然令によるが、これに伴い村に点在していた神社を一つに纏めることになった。合祀である。

かつて村々には至る所にいろんな神様、神仏混淆の神が祀られてあった。庚申様、お不動様、薬師様、山神様、八幡様、お諏訪様、金毘羅様、稲荷様、大平山様、熊野様、愛宕様、塞の神様、等々である。しかし新政府は一村に一社のみ、神仏混淆は認めないとし、村人は仕方なく産土の一神を選ぶことになった。選ばれた産土神は「村社」に昇格、その他は「無格社」となる。護持されなくなった無格社は堂屋の修理もなされず、ご神体の石などもむき出しになり、近年の土地開発や道路工事などでその多くが消えてしまった。

現在に至るまでひっそり祀られ、奇跡的に残された無格社の神々。これらは明治開化以降の信心深い土地の人々、家事を担い、子を育て、親たちを見送り、夫や子を戦地に送ってきた「隠国の女たち」が切々と守り続けてきたものであった。

山 川 に ひ と り 髪 洗 ふ 神 ぞ 知 る　　高濱　虚子

（「里」二〇一四年七月号）

熊野の虚子句碑——茨木和生「虚子句碑は無事か？」

高濱虚子が最初に熊野を訪れたのは、今から八十三年前の昭和八年（一九三三）四月九日。虚子忌（椿寿忌《ちんじゆ》）は四月八日だから、熊野へ旅の日が忌日の翌日というのも不思議な気がする。

四月九日、虚子は大阪から海路串本港に上陸、潮岬《しおのみさき》に立ち寄った後、勝浦温泉に一泊。

翌十日には那智山に参詣して新宮市へ。

さらに翌十一日に当時のプロペラ船で瀞《どろ》峡を訪れ、本宮大社（熊野坐《くまのにます》神社）、大斎原《おおゆのはら》に参拝、その後宿泊先の湯峰《ゆのみね》温泉「あづまや」で地元俳人らと交流の句会を催している。この温泉宿は現在も営業している。

翌十二日、虚子は白浜温泉に向かうが、その途次、中辺路の「野中の里」に立ち寄っている。

この熊野行で虚子は数多くの俳句を詠み、後、地元俳人によりそれぞれの地に句碑が建立された。熊野における虚子の足跡を辿ってみる。

燈台を花の梢に見上げたり　　虚子

虚子熊野来訪の第一歩は桜の季節の串本であった。紺碧の海を見下ろす本州最南端潮岬《しおのみさき》の白亜の燈台が詠み上げられた。この句碑は潮御崎《しおのみさき》神社境内に建立されている。神社参道に三十七段の石段があり、句碑はこの石段の手前右、柏槇《びゃくしん》（ヒノキ科、イブキの一品種）の古木の根方に建っている。おそらく虚子は神社に上る石段の途中で振り返って燈台を望んだのだろう。虚子来遊の翌年に建てられたこの句碑であったが、「色濃ゆき菫も潮岬かな」という作品も候補となっていたらしい。

虚子はまた、串本沖の紀伊大島に渡り、樫野《かしの》漁港にも足を運んでいる。東端の樫野崎沖は、映画『海難一八九〇』で知られるエルトゥールル号遭難（一八九〇年九月十六日）の現場としても知られる。ここで地元俳人に別船を出してもらった虚子は大敷の漁場を見て回る。樫野漁業組合にはかつて虚子が大敷を詠んだ短冊が掛けられていたと聞くが作品は明らかでない。

神にませばまこと美はし那智の滝　　虚子

熊野来遊の二日目、那智の滝を訪れ、俳人で知らぬ者はいないこの名作を詠んだ。近景とも遠景とも鑑賞し得る作品だが、神武東征の途次、熊野灘の沖合から山中に光る一条のこの滝を見つけた神武一団に思いを馳せれば、遠景の鑑賞も悪くないと思う。

平成二十三年九月の紀伊半島大水害の際には、那智の滝、滝壺はもとより、那智川の大氾濫、市野々や川関などの在所に多大な被害がもたらされた。茨木和生主宰は「虚子の句碑は無事か?」と案じられた。この句碑は鳥居をくぐり約五メートル先の飛瀧《ひろう》神社参道（滝前までは百三十段）の左側に建てられている。大杉の根方近くの比較的薄暗い所でその存在に気づく人は少ない。虚子の流れを汲む新宮の俳句結社「熊野吟社」によって昭和十九年（一九四四）に建立された。戦時中である。同じ参道右脇には虚子の長男・高濱年尾の、

旅半ば春行く那智の大滝に　年尾

が建てられている。

熊野吟遊三日目。虚子は湯峰温泉（田辺市本宮町）の老舗旅館「あづまや」を訪れる。湯峰は熊野詣の湯垢離場、小栗判官の蘇生、一遍上人の爪書き伝承などで名高い名所だ。

峰の湯に今日はあるなり花盛り　虚子

地元俳人との盛大な句会の席で披露された句である。「湯の峰」と言わずに「峰の湯」と詠んだのは、地名よりも写実を重んじたためだろうか。句碑は筆者の妻の実家の真裏にある「湯峰王子跡」に建てられている。

鶯や御幸の輿もゆるめけん　虚子

四月十二日、虚子は中辺路を経て田辺に向かう。

中辺路「野中の里」では後鳥羽上皇をはじめとする熊野詣の御幸の一行を懐古し、上皇たちはしばし輿をゆるめて鶯の声に耳を傾けたことだろうと詠んだ。句碑は継桜《つぎざくら》王子跡に建っている。

（「大阪俳人クラブ会報　No.１４９」二〇一六年四月発行）

平松小いとゞ——熊野夭折の俳人

母恋し紫苑われより低ければ　小いとゞ

かつて高濱虚子をして「未来の大家」と言わしめた俳人が熊野にいた。平松一郎こと、平松小《こ》いとゞである。

小いとゞは大正五年九月二十六日、和歌山県新宮市磐盾《いわたて》町に生まれた。父親はホトトギス系の俳誌「熊野吟社」主宰の平松いとゞ（本名・義彦）である。小いとゞは父親の影響により幼少時から高濱虚子の門下生であった。

筆者が少年時代、新宮駅前本通りに化粧品やファッション用品を扱う「ヒラマツ」という瀟洒な店舗があった。実家から歩いて二、三分のところだ。当時、いとゞ、小いとゞの近親者が経営していた。この場所は現在、和風割烹の店になっている。「ヒラマツ」の店舗は本通りの別の場所に移され、今も盛況である。ちなみに旧ヒラマツの数件隣りには松根久雄氏の経営する靴店「リーガル」があった。

小いとゞの経歴は次の通り。

旧制新宮中学から第三高等学校、京都帝大法学部に進み、高等試験司法科合格。昭和十七年には司法官試補を命ぜられ、以後東京民事地方裁判所、および東京刑事地方裁判所検事局勤務となった。

華々しい未来に飾られるはずの小いとゞであったが、戦時に陸軍少尉として召集され、昭和十九年六月、中国河南省で戦死した。享年二十八。

＊

大正十五年、小いとゞ小学四年生の時、早くも『ホトトギス』誌上にて、

海 の 上 一 め ぐ り し て 鳥 渡 る

で初入選。六年生の時（昭和二年）には、

春 の 水 石 に あ た り て く だ け け り

を含む三句が掲載されている。「未来の大家」は小学生の頃からすでにその片鱗を覗かせていた。

その後小いとゞは先述の通り、旧新宮中から三高、京大法学部に進み、昭和十七年一月、東京刑事地方裁判所司法官試補に任命、翌二月には陸軍少尉として召集され入隊したが、凝縮された彼の人生は常に俳句とともにあった。

紙白く書き遺すべき手あたためる

雁帰り臣のいのちは明日知らず

自身を「君」に仕える「臣」として詠んだ後句は死を間近にした小いとゞ最後の作品である。

また彼は頭掲の〈母恋し紫苑われより低ければ〉のような母恋いの作品を数多く残した。

夕顔や悔ある我に母やさし

などの作品二十句が『ホトトギス』に掲載されている。

母恋いの句はさらに、

月の陣母恋ふことは許さるゝ

と切羽詰った陣中で戦場の月を仰ぎながら母を恋い、

消燈のラッパちゝはゝ端居をへしころ

には故郷・新宮へのほのぼのとした思いがにじみ出ている。そして彼は中国河南省における「〇〇作戦覚え書き」にこう記した（〇〇は判読不能）。

如何なる苦難といへどもほんぜんと俳句の道に帰ることによつて、私は自らの道を確認し得、如何なる幸福といへども俳句にこのことを感謝し得る私——一人の日本臣民——の喜びである。それにつけても私は父に、お父様に、いとゞ先生に何にも代え難い感謝を捧げるのである。捧げざるを得ないのである。

この「覚え書き」にはこの後、「忘れ得ぬ人たち」として数十人の思い出が記されている。最後は昭和十九年四月十四日付で、

私は無位の真人のもと、厳として抜くべからざる学的基礎を京都（法律学）に感謝しつつ、明日の作戦に出て立つのである。

と記し、平松一郎少尉・小いとゞは帰らぬ人となった。

*

小いとゞらの顕彰に関しては、戦後の昭和二十二年『戦没学徒五人句集』百部が粗末な小冊子で発行されたのみであった。

昭和三十九年九月十四日、新宮駅前で大きな火災があった。近所で起こったこの火災のことは両親からもよく聞かされたが、筆者六歳の時であるのでその記憶はない。これにより小いとゞの遺品はほとんど焼失したという。

太平洋戦争開戦（昭和十六年十二月八日）を記念して、その二十五年後の昭和四十年、京都の「三余舎」から高濱虚子選として文章も含めた改装再刊された。

紀南地方にはこの改装版『戦没学徒五人句集』を読んで俳句文芸を志した人が多い。世に残された本書は遺族の思い出として、熊野俳壇の貴重な資料として、かけがえのないものとなっている。

（「運河」二〇一六年八月号）

健次忌を修す——田村さと子氏のことなど

炎天を歩いて来たと褒めらるる　　宇多喜代子

新宮駅に降り立った茨木和生主宰と宇多喜代子氏は健次の眠る新宮・南谷墓地を目指し、憑かれたように歩き続けた。

炎天下での道行きを気遣って車を出した筆者は、鬼気迫る二人の姿と直向きな視線に乗車を勧めることができなかった。ゆっくりと車で二人の伴走をする他なかった。

掲句、その日のことを詠まれたのか否か確認はしていない。しかし筆者は一読、酷暑のあの日、車にも乗ろうとしない二人の姿を思い出さずにはおれなかった。

冷房の効いた車に乗らず、炎昼の新宮を無言で歩いてやって来た二人に対し、泉下の健次は「暑いのに、よーきたなー、おおきによ、おおきによ」と感佩する。宇多氏の人間美学の一端を垣間見た気がした。（「運河」二〇一三年十一月号）

茨木主宰や宇多氏と深い交流のあった中上健次が亡くなったのは平成四年八月十二日である。健次生誕七十年となる。本稿では過去地方紙に掲載された「健次語録」を紹介し、謹んで氏の忌を修するものである。

俺は、居直るべきだと思っているんだ

○紀州っていうのは文学者が出る土壌があるね。佐藤春夫は僕らの高校の先輩でしょ。同じ和歌山県でも、北の和歌山市の方と僕らの新宮の南の方とあるんだけど、南紀の方が気性が荒く、外へ飛び出すし、何でも新しいことをしてみるという所なんですね。

○（太地の捕鯨問題について）魚を食べない民族は、鯨のことを言うべきじゃないよ。鯨のいいとこだけ取るとか、油だけ取るとかしていたんなら非難されてもいいよ。紀州では肉を食ってたんですよ。太地なんか日本の捕鯨の発祥地ですからね。生活問題だから困惑してますよ。

○（「熊野は不便な場所か」という対談相手の質問に対し）俺は、居直るべきだと思っているんだ。東京とか大阪を相手にするなと。大阪よりニューヨークの方が近いんだから。僕の感覚はそうなんだ。

（註：NYでの対談記事の一部を転載。対談相手の河村憲一氏と健次は小・中・高校の同級生。河村氏は当時東京銀行信託会社ロックフェラーセンター支店長。NYで再会した二人の対談は現地邦人向け新聞『OCSニュース』に掲載された）

（「紀南新聞」昭和六十二年一月二十一日付）

空念仏は要らない

（「檄文——隈ノ會結成に寄せて」の中で）

熊野。ここで子宮を蹴って日を浴びた俺も四十。空念仏は要らない。ここが豊かで魂の安らぎと充溢の場所とする為なら立つ。本宮、那智、速玉、三山の僧（氏子）兵とも水軍（海賊）ともなって、山、海をゆき、熊野を害する者（物）らと戦おう。

（「紀南新聞」昭和六十二年八月八日付）

魂にバイブレーションを与える所

（「隈ノ會」記念イベントでの基調講演の中で）

僕は、その熊野という場所を世界の中で一等大事な場所じゃないかと思うわけです。決して、この日本の中で熊野が一等大事だと言うんじゃなくて、世界の中で、世界に対して、メッセージを唯一発することができる場所ではないかという気がするわけです。一番単純に言いますと、熊野にまだ残っているのは、ここは魂の、魂がもういっぺん浄化されて、魂に昂ぶりを与える所、魂にバイブレーションを与える所、魂をリフレッシュする所、そういう場所だと思うんです。例えばここで世界作家会議をやろうじゃないか。世界からいま文学の第一線にいて、世界の文学を担っている作家たちを呼んできて、熊野で「魂の問題」を話そうじゃないか。例えば、「革命の問題」を話そうじゃないか。「革命」っていうのは単純に左翼が政権をとるとか、そういうことじゃなくて、本当に新しくものごとを考えてゆくという、そういう問題を話そうじゃないか。或いは、もちろん社会問題でもいいですし。そういう場所なんです。それができる唯一の場所なんです。

（「紀南新聞」昭和六十三年一月十日付）

大きなものに頼む――御灯祭について――

今年、私は家内安全と書いたのだった。四十二の男が、子供らの、連れ合いの安寧を願わぬはずがない。齢老いてくる親らの健康を想わぬはずがない。大願成就とも、武運興隆とも書いた。その祈りを生《なま》のままでは危険極まりないが、熱であり、光である神火となった火で焼いて、大きなものに頼むのである。

（「紀南新聞」平成元年二月十四日付）

（註：御灯祭の炬火は五角形の檜板に華と呼ぶケズリカケを詰めたもの。その五面に祈願の言葉を墨書する。そのことについて健次は語っている。平成二十八年の御灯祭で筆者は、俳友で精神科医師の山口哲夫君とともに「医俳同源」「俳願成就」とも書き加えた）

現実の生との格闘

僕もそうだし、宇江さん（筆者註：中辺路在住の小説家・宇江敏勝氏）もそうだけど、紀州出身の人間っていうのは、文物から、或いは本から、或いは大学から小説の方に行ったとかね、そんな、本から貰って来たのではなしに、現実の、生《なま》の、つまり、生との格闘から言葉を貰って来た、ということがあるでしょう。

（「紀南新聞」平成二年五月、全九回連載）

（註：平成二年五月全九回にわたって連載された「熊野の自然、風土、歴史――対談　宇江敏勝・中上健次」より一部抜粋）

熊野とは何か？

熊野の霊地で、僕、作家・中上健次は熊野大学を設立した。これはこの国の言の葉が紡ぎ出す本当の思想としての熊野の発見を目指してのことである。熊野とは何か？　都に対する周縁、アジール、蘇生の場所、トポス、ゾーン、ボーダー、何よりも優しさに満ちた黒潮の洗う縄文の人々の生きる場所。ここから南島が見え、アジアが見える。

（「紀南新聞」平成三年六月六日付）

三島のように死ぬわけにはいかない

○やっぱり、熊野というと、魂のふるさと、魂が安らぐところ。傷つき、病気した人間が治るような力を授けてくれるところ。

○（熊野再興について）根本的な問題はもっと深いところに根がある。だから、もっと深いところから治療しなければいけないと思う。その根っこに効く薬が文化であり、宗教であると思う。文化も宗教も魂の問題ですが、僕はそれを説きたいのです。

○僕が考えている「熊野学研究センター」は、単に学者の図書館や研究室ではなく、これは中上のパワーでもあるんだよ、これはあんたのパワーでもあるんだよ、と市民に公開していきたい。そんな研究センターができて、同時に、一般市民と通じ合っているという形を取れればすばらしいと思う。

（註：健次が構想した熊野学研究センターを含めた「新宮市文化複合施設」は平成三十一年四月に完成予定だったが、設立予定地であった旧丹鶴小学校跡地に縄文、室町、江戸時代の遺構が発見され、現在その計画は頓挫している）

○僕は三島とは違うし、三島のように死ぬわけにはいかない。熊野という場所があるから、三島よりいいものが書ける、そういう自負というか、願望があるんです。

（註：以上、当時の新宮市長・岸順三氏との対談「熊野再興を語り合う」より抜粋。平成四年元日にこの記事が掲載、同年八月十二日に健次逝去）

（「紀南新聞」平成四年一月一日付）

＊

本稿冒頭（註）で記した対談相手・河村憲一氏同様、健次と小（旧千穂小学校）、中（緑ヶ丘中学）、高（新宮高校）を通じて同級生であった詩人に田村さと子氏（東京在住）がいる。氏は幼い頃から健次と近しく、中上健次が亡くなるまで「健次君」と呼んでいた。

田村氏は新宮出身。新宮高校卒業後、お茶の水女子大学（家政学部）に入学、現在は帝京大学外国語学部（ラテンアメリカ文学）教授、メディア・ライブラリーセンター館長を務めている。詩人であり、わが国のラテン文学研究の第一人者だ。また、ノーベル文学賞を受賞したコロンビアの作家ガルシア・マルケス（一九二八―二〇一四）の研究においては氏の右に出る人はいない。

次は、田村氏の熊野市での講演『文学への扉』の中で触れた少年健次の貴重なエピソードである。

＊旧千穂小学校の入学時、健次君とは同じクラスで席も隣だった。健次君は作家になってからは暴力的なイメージがあったが、小学生の頃は痩せていて、青白い顔をして、借りてきた猫のように大人しかった。黙って俯いていたので、下から覗き込むように名札を見ると「木下健次」と書いてあった。

（註：健次の母は当時まだ中上七郎《なかうえ》と入籍していなかった。健次が「木下」から「中上（なかうえ）」となるのは高校に入ってから。尚、作家としては「中上（なかがみ）」と呼ばせている）

＊健次君は姉ばかりの中で育ったせいか、幼少時は座っておしっこをする癖があった。また、六、七歳頃までお母さんのお乳を欲しがるほどの甘えん坊だった。

＊痩せていた健次君が急に太り出したのは、小学校五年生の時からだと記憶している。新しい家族形態の中で彼なりの気遣いや葛藤があったのだろう。その頃、そこに有る物は何でも食べまくっていた。特にカレーライスばかり食べていたと聞いている。

（註：健次の短編や回想などから想像するに、この時期の健次はおどおどと家人をはばかりつつ、如才なく家族の一員たらんとする心意に満ちていた）

＊普段の健次君はもの静かな子供だったが、喋り出すと話を膨らませることが上手だった。作家としての才能はこの頃から芽生えていたのかもしれない。

＊当時、新宮では山伏たちが烏天狗のような恰好をして神倉山に向かって歩いていた。法螺貝のボーという音が不気味だった。新宮の全龍寺の大銀杏に天狗が棲んでいると聞いて、健次君と手をつないで駆け抜けたことがある。その際息を吸ってしまえば、恐ろしい天狗に攫《さら》われると言われていた

ので、私たちは息を堪えて必死で走った。しかしそれでも健次君は、「全龍寺の銀杏ではなく、春日の臥竜山の老松にこそ天狗が棲んでいる」と主張して譲らなかった。

（註：全龍寺は筆者の家の菩提寺。寺庭の大銀杏は近年伐採された。また健次の言う臥竜山の松の木は、筆者が小学三年生の頃に友人とともにその地区の子供たちに捕らえられ、縄で縛り付けられた老松と思われる）

＊当時の新宮の野田地区には牛の屠殺場、刑務所、火薬庫、軍鶏《シャモ》の闘鶏場など、世に言うマイナス的なものが多くあった。博徒であった健次君の実父もこの刑務所に入っていた。中学校近くの溝には屠殺された牛の血が流れ、往生際の牛の鳴き声が私の耳にこびり付いている。また健次君は、アル中でヒロポン中毒の義兄にひどい仕打ちを受けていた。彼が自殺した時、「もうこれで怖い目に合わずに済む」と健次君が呟いた。そのような苦しい少年時代を彼は送っていた。

＊健次君は歌が上手く、音楽が好きだった。合唱部に入って、鼻にかかったような声で歌っていた。しかし家に帰っても好きな音楽を聴くことはできない。そういったことを理解する家族ではなかった。家族は字が読めなかったが、姉たちは「字が読めない分、わたしら頭ええで」と言っていた。事実、健次君以外は十分な教育は受けていなかったが、本当に頭の良い家族であった。そんな中、健次君は夜になると近所の子供たちに字や勉強を教えていた。

＊中学卒業後は健次君を音楽学校へと導くべく、担任が健次君のお宅を訪問した。母親はその勧めを断固拒絶し、烈火のごとく怒って担任を追い返した。

＊同じく中学時代、山本アイ先生は「何でもいいからここに何か書いて私の家に持って来なさい」と、私と健次君に新《さら》のノートを手渡した。私は詩や俳句をそれなりに作って持って行ったが、健次君は白紙のままのノートを持って来て、先生の部屋で遊んでいるだけだった。

＊高校卒業後しばらく経って、健次君と東京で再会したのは、山本アイ先生を囲む会でのことだった。大人になってからの健次君は相手の疲れなど気にせずに酒を飲み、延々と三時か四時くらいまで話し込んでいた。「新宮は文学病が蔓延している！」とか、「熊野のことをもっと知れよ！」と私たちに熱く語ってくれた。

＊

田村さと子氏についてもう少し触れておきたい。

氏が文学の道を志すようになったのは自身も新宮・熊野に生まれたことが大きな要因であった。高校卒業後は関東や海外での生活が長く、専門はラテン文学であったため、文学的には熊野から距離を置いていた。改めてなされた熊野に対する意識づけは東京で再会した健次によるところが大きいという。田村氏は新宮で育ったが、母の実家は熊野市飛鳥町大又の大山林家である。伯父（母親の兄で、三代目・池田忠寛）は新宮の西村伊作や玉置酉久《とりひさ》らとともに御浜町志原《しわら》に理想郷「南紀新しき村〈黎明ヶ丘《れいめい》〉」の建設に関わった。そのため伯父は反社会的人物と看做され警察の尾行を受け続けた。田村氏に「伯父さんはきっと怖かったでしょうね」と訊ねると、「え、彼は尾行など気づいていなかったんじゃない？」と微笑んだ。

一九七三年にチリでクーデターが起こった時、氏は政治犯として捕えられた知人を救う活動をしている。支援物資や金銭を携えチリに赴き、地下に潜っている反体制派の人たちを援助した。ラテンアメリカの独裁者の怖さは日本の特高の比ではなく、相当の危険を冒したという。田村家の血統は正義感や平等意識が強く、何ものにも屈しない反骨精神があった。健次の精神と通じ合うものがそこにある。かつて健次は田村氏に「マルケスに会わせてほしい」と頼み、実際に連絡を取ったらしい。

今回の講演当日の朝、田村氏は熊野市在住の小説家・中田重顕《しげあき》氏（熊野市文化財専門委員）の案内で健次夫婦と紀さんが暮らした新鹿の借家や健次が『熊野集』に書いた波田須の桜など、健次ゆかりの地を巡っている。熊野市の「花の窟」へは筆者も同行させて頂いた。アオノクマタケランの花をお教えすると、「これは夏の季語ですか？」と強い関心を示された。氏には詩集『サラマンドラ』の他、句集『月光を刈る』がある。氏はまた、かつて暮らした新宮の街並みや風俗をよく記憶しており、近々書き下ろしエッセー『新宮物語（仮称）』を出版する予定とのこと。少年時代の「健次君」が再びそこに蘇ることだろう。

（「運河」二〇一六年七月号）

中上健次と俳句——受け継がれゆく熊野大学俳句部

平成元年、中上健次は郷里新宮に熊野大学を創設。茨木和生、宇多喜代子、夏石番矢、後藤綾子、松根久雄らを俳句部講師に招き、地元俳人と共に月一回の吟行句会を行った。健次は俳句に強い関心と理解を示し、俳句の力を畏怖し、熊野の事歴と豊饒を抱え込む俳句を愛した。

浜木綿や熊野荒坂津命　西桐　童心

神武上陸地とされる新宮三輪崎での作。在野の俳人童心は累日ここを訪れ、季語「浜木綿」を得るまでに一年を要した。

仏ゐて天地の辻の神の留守　松根　久雄

新宮市春日の小さな四辻が健次命名の「天地の辻」である。神仏と天地を配した句は曼陀羅の様相を呈している。

八月の路地に戻りしことせめて　　久雄

健次の死を悼む絶唱である。健次が「松根のオジ」と慕った久雄であったが、死者との関わりをもって生きることを忌避するかのように、健次没後六年で他界。

智勇の士久雄への畏敬と、おそらく散文作家としての矜持により、健次は俳句を作らなかった。句を成すことにより恰も小説の方法を鈍らせるとしたのではなく、句座にあって、自身の文学的基盤に火を放ち、そこに自らを追い込む姿勢を貫き通したと言える。

あきゆきが聴く幻の声夏ふよう　　健次

オリジナル季語「夏ふよう」に執ねき煩悩を重ねた健次唯一の俳句である。小説にも登場する「秋幸」のモデルは自死を遂げた健次の義兄と見てよい。

時は流れ、熊野大学俳句部の精神は筆者を含む当時の残党数名と、茨木和生の主宰誌「運河」の紀南支部会員によって今に引き継がれている。

（「朝日新聞〈うたをよむ〉」二〇一二年四月十三日）

Ⅳ 文化・風俗的見地から

妖　怪――ハリー・ポッター顔負けのワンダーランド

日本で最初に文字化された妖怪は『古事記』に登場する。黄泉の国で蛆の集ったイザナミに纏わりつく「八種《やくさ》の雷《いかづち》」、逃げるイザナギを追いかける鬼女「黄泉醜女《よもつしこめ》」たちである。次はその件。

一つ火燭《ひとびとも》して入り見たまひし時、蛆《うじ》たかれころろきて、頭《みかしら》には大雷《おほいかづちを》　居り、胸《みむね》には火雷《ほのいかづち》　居り、腹《みはら》には黒雷《くろいかづち》　居り、陰《みほと》には拆雷《さくいかづち》　居り、左の手《みて》には若雷《わかいかづち》　居り、右の手には土雷《つちいかづち》　居り、左の足《みあし》には鳴《なる》雷《いかづち》　居り、右の足には伏雷《ふしいかづち》　居り、并せて八雷《やくさのいかづち》　神成り居りき。
是《ここ》に伊邪那岐命《いざなぎのみこと》、見畏《みかしこ》みて、逃げ還ります時に、其の妹伊邪那美命《いざなみのみこと》「吾《あれ》に辱《はじ》見せつ」と言《まう》したまひて、即ち黄泉醜女《よもつしこめ》を遣《つかは》して、追はしめき。

日本の歴史は人と妖怪が紡いで来たと言っても過言ではない。むしろ妖怪なしで日本の歴史は語ることはできない。

漫画家で傷痍軍人であった妖怪漫画界の巨星・水木しげる氏（一九二二―二〇一五）はこんな言葉を残している。

戦争体験から、自分は死んで元々と思っていた。「妖怪の世界」「楽園」など様々な空想の世界だけが、僕が本当に生きる世界なのだ。

水木さんにとって南の島は、上官に殴り続けられ、片手を失って悲しいはずの異郷であった。しかし何故か、その島や現地人、彼らの人柄、気候、すべてが大好きだった。現実の生々しい異郷をさらに深め、水木さんが獲得した心の異郷、それこそが「妖怪」の世界だった。

さて、歳時記で妖怪・怪異、またはそれに類する季語を探ってみると、

〈春〉　蜃気楼
〈夏〉　河童忌、虹、入道雲、百物語
〈秋〉　不知火、施餓鬼
〈冬〉　雪女（雪女郎）、雪男、狐火、鎌鼬、追儺鬼

などを挙げることができる。加えて、怪異とは言えないが精神や魂などに関わるものとして、魂迎、魂送なども ある。畏怖や信仰の対象という観点から神仏を含めるなら、

〈新年〉初庚申、歳徳神・年神
〈春〉　苗代神、甘茶仏・灌仏

〈夏〉　雷神・鳴神・霹靂神、五月蠅なす神
〈秋〉　摩陀羅神
〈冬〉　納の庚申、風邪の神

などもある。季語ではないが、「山の神」や「田の神」もある。「雷神」について一言。雷神によって雷が起こされると、世に「雷獣」という妖怪が出現する。六本の足と二本の尾があり、高速で空を駆ける妖怪である。

＊

熊野において妖怪・怪異伝承の研究は盛んで、新宮市観光協会からは「妖怪スポットを巡る」などのパンフレットも発刊されている。

筆者の居住地に近いところでは、熊野市二木島《にぎしま》（荒坂）に伝わる海の怪異「磯ナデ」が有名だ。尾の長いサメのような怪魚で、北風が強く吹くと出没し、海面を撫でるように船に近づき、磯端で尾を打つ。人を襲うまでは決して姿を見せない。そして、尾鰭にある釦金のような針で人を引っ掛けて海中に落とし食べてしまう。海で死人が出ると、「磯ナデに撫でられたんや」と二木島の住民は恐れている。漁師が言うに、オナガザメが時々定置網に掛かることがある。このサメの長い尾は大きいものでは五メートル以上あり、この尾鰭で魚を叩いて捕食する。磯ナデはこのサメに対する警鐘の意味もあるのかも知れない。

海の怪異をもう一つ。和歌山県串本町田原の「荒船海岸」には「いしなげんじょ」という妖怪が棲ん

でいる。「石投女」、または「石投尉」の字を当てる。「女」なら美女っぽいが「尉」なら老婆ということになる。磯辺近くを通る船に向かって大小の石を投げつける、いわば「熊野のローレライ」だ。

荒船海岸は海霧《じり》が発生する磯として知られ、昔から海難事故が多かった。海霧の深い夜に突然大きな岩が崩れ落ちるような音を立てることがあるという。「石投女」は、上半身は美女（または老婆）、その髪は長く、下半身は蛇か龍の姿で全身は濡れている。この妖怪は長崎県などの海の怪異としても語り継がれ、柳田國男（一八七五—一九六二）もそれを紹介している。

これに類するものとして、海で亡くなった女性が変化《へんげ》した「濡女《ぬれおんな》」という妖怪もいる。顔が人間の女で身体が蛇。尾の長さは三町（三〇〇メートル余）もあるという。海や川に潜んで人を引き摺り込む鬼女である。水難につながる点が先の「石投女」と共通しているが、孤独老人への差別から生まれたという考え方もある。「ある種の人間に対する差別として生まれた妖怪」という見方については後述する。

熊野の「山の怪異」として一つ。

熊野山中や果無山脈、熊野古道に現われる「肉吸い」である。夜の山道で美しい娘に化けて人に近づき、「火を貸して下さい」とやってくる。うっかり提灯を貸すと火を消され、暗闇でうろたえているところを襲われる。体内の肉だけを吸い取るという「究極の肉食系美女」だ。

そのためこの地の人々は夜道を歩くことを避ける。どうしても夜道を行く際には、提灯と火種の両方を用意しておき、提灯を奪われた時にその火種を振り回して彼女に打ちつけると退散する。南方熊楠（一八六七—一九四一）の随筆『南方随筆』にも、明治二十六年に一人の郵便脚夫が「肉吸い」に遭遇し、火縄を打ちつけて退散させたとの記述がある。

山の怪異には「山彦」や「山童《やまわろ》」もある。「山彦」は呼子・山小僧とも呼ばれ、山間をこだましながら飛び回る。妖怪仲間の伝令役である。「山童」は秋になって山に入った河童がこの妖怪に変化したもの。春にはまた山を下って河童に戻るが、その変化の様子を目撃した者は重い病いに陥る。

日本は妖怪の国春の川　久留島　元

さて、わが国で「妖怪」という言葉が一般的に使われ出したのは明治以降のことである。それ以前には「化け物」という表現が通常であった。

「妖怪」が定着したのは、明治期の啓蒙的哲学者・井上円了《えんりょう》（一八五八―一九一九）の研究に始まる。井上は妖怪変化の出自と形態的特徴を軸に分類し、さらにその時代的変遷を分析した。

一方、井上の分類的研究とは視点を変え、妖怪の本質は何かという点について民俗学的研究を行ったのが柳田國男であった。

また彼らとほぼ同時代、物理学者・文学者としての目で妖怪（化け物）を論じたのは寺田寅彦（一八七八―一九三五）である。以下、この三者について述べる。

＊

明治二十年代、妖怪研究史においては柳田國男に先駆け、井上円了がその研究を開始した。

井上は東京帝国大学哲学科教授として妖怪について正面から取り組んだ、まさに妖怪学界の草分けである。彼が初めて妖怪学に携わったのは「東大不思議研究会」の活動からだ。この研究会では日本に伝わる幽霊や狐狸・天狗・犬神・巫覡《ふげき》・人相見・予言などを集めて調査を行っていた。井上は本会のマネージャーを務めたが、当時東大の有名な研究者が数多くこの会に所属していた。かの坪内逍遥（一八五九―一九三五）も会員の一人であった。

さらに井上は『哲学界雑誌』を発行して「不思議庵主人」というペンネームでコックリさんの研究を始め、エクトプラズム（霊の姿を物質化、視覚化させたりする際に関与するとされる半物質、または、ある種のエネルギー状態）についてその正体を探る実験も行っている。テレビなどでもよく採り上げられる「心霊写真」の類であろうか。

井上は明治二十五年五月に著した『妖怪学』の中で、「幼い頃より妖怪について関心を抱き、大人になってから妖怪の理を究めようとした」と述べている。彼の一連の研究は次第に体系化され、東大では明治二十六年から二十七年にかけて『妖怪学』という名称で連続講義が行われた。

妖怪研究に関する彼の立場は「世間では妖怪などは無意味なもの、くだらぬ無駄話であると考えるだろう、確かに迷信には違いないと思うが、迷信であると断定するにはこれを客観化しておく必要がある」「神秘的なもの、或いは天変地異の現象は近代科学が発達すれば、ほとんどが解決される」というもの。彼は近代科学を信じ、森羅万象は合理的世界の中で分析されるものと考え、それらは心理学や医学の領域で説明されるとした。

具体的には、哲学の分野で陰陽五行説・易・おみくじ・人相（家相）・厄年などの説明は可能だとし、心理学の分野でコックリさん・狐憑き・幻覚・催眠術などの説明はつくとした。さらに幽霊・人魂・御祈禱・御守りなどは宗教学の分野での分析が可能だと言っている。

＊

しかし民俗学者・柳田國男にとって、哲学者・井上円了の考えとは相容れないものがあった。柳田國男著『妖怪談義』には「化け物を否定した故井上円了博士」といった表現が見られ、井上の『妖怪学』を肯定的に見ていない。柳田の立場からすれば、井上が「妖怪とは迷信の産物である」としているところに大きな問題があるとした。柳田はこれらを単なる迷信と看做さず、神や妖怪が持っている人間との相互関係における「妖怪学」として理論構築を行おうと考えた。

柳田によると、迷信とは社会に害を及ぼす不合理なものであるが、妖怪を社会的に害悪のかたちにしたのは人間であり、人間の方に責任があるとした。元々、妖怪変化を作り上げて行った人間の精神構造が根本にあって、これを科学的研究との名目で「迷信」と排除してしまうことに対し、柳田は批判しているのである。

しかし、井上が果たして「妖怪」全てを迷信として退けようとしたのかと言えばそうでもない。東大『妖怪学』の講義録からは、彼がいかに心血を注いで講義を行っていたか、そのひたむきさが伝わってくる。井上が実地調査に歩いた足跡は、実に一道一府四十八県二百十五ヶ所にも及び、「お化け博士」として全国に知られるようになっていた。

尤も、日本中の至る所にある怪異談を自らの足で調べようとしたという点においては柳田も同じである。両者とも、妖怪は人間が作り出したもの、人間の心の象徴そのものであるという点において大きな相違はなかったが、井上の視点（分類学的研究）と柳田の視点（民俗学的研究）に違いがあった。彼らの相違点をまとめると次の通りである。

井上は妖怪を「迷信であり、怪異現象の総称」として捉え、普通の道理では解釈のつかない不思議な現象を「妖怪現象」、不思議と思われるその対象を「妖怪」とした。これによって不思議な現象、解釈がつかない存在を分類整理してゆくとどうなるかという発想である。

一方、柳田は妖怪を「信仰が失われ、神々の零落した姿」であるという仮説を構築し、神の研究と妖怪の研究は結びつくものとした。民俗学の視点である。そして、神と妖怪との間に横たわっている法則性が人間の心理の中にどのように構成されているのかを探ろうとした。

柳田は、妖怪はあくまでも人間と自然との関係から生じたもの、民間信仰を基盤とした畏怖の対象であって、錯覚や幻覚、想像によって具体的なかたちを与えられ、伝承によって伝わったものとし、「零落した神々の姿」や『百鬼夜行絵巻《ひやっきやぎょう》』などに登場する具体的な姿のイメージをもって妖怪としたのである。

*

さて寺田寅彦である。寺田は昭和四年一月、「化け物の進化」と題する小論を『改造』に発表した。その冒頭に、

人間文化の進歩の道程において発明され創作されたいろいろの作品の中でも「化け物」などは最もすぐれた傑作と言わなければなるまい。化け物もやはり人間と自然の接触から生まれた正嫡子であって、その出入する世界は一面には宗教の世界であり、また一面には科学の世界である。同時にまた

芸術の世界でもある。

と記している。そして、さまざまな怪異・妖怪に対して科学的に解明しようとする傾向に対し、

不幸にして科学が進歩するとともに科学というものの真価が誤解され、買いかぶられた結果として、化け物に対する世人の興味が不正当に希薄になった。今どき本気になって化け物の研究でも始めようという人はかなり気が引けるであろうと思う時代の形勢である。

と現況を認めつつ、

ともかくも「ゾッとする事」を知らないような豪傑が仮に科学者になったとしたら、まずあまり大した仕事はできそうにも思われない。

と持論を展開した。その根拠となる寺田の体験は次の通りである。

幸せな事に我々の少年時代の田舎にはまだまだ化け物が沢山に生き残っていて、そしてそのお蔭で我々は充分な「化け物教育」を受ける事ができた。郷里の家の長屋に重兵衛さんという老人がいて、毎晩晩酌の肴に近所の子供らを膳の向かいに座らせ、生のニンニクをぼりぼり齧りながら美味そうに

熱い杯を舐めては数限りもない化け物の話をして聞かせた。思うにこの老人は一千一夜物語の著者のごとき創作的天才であったらしい。我々の臆病なる小さな心臓は老人の意のままに高く低く鼓動した。夜ふけて帰るおのおのの家路には木の蔭、川の岸、路地の奥の至る所に様々な化け物の幻影が待ち伏せて動いていた。化け物は実際に当時の我々の世界にのびのびと生活していたのである。このような化け物教育は、少年時代の我々の科学知識に対する興味を阻害しなかったのみならず、却ってむしろますますそれを鼓舞したようにも思われる。これは一見奇妙なようではあるが、よく考えてみるとむしろ当然な事でもある。皮肉なようであるが我々に本当の科学教育を与えたものは、数々の立派な中等教科書よりはむしろ長屋の重兵衛さんであったかもしれない。これは必ずしも無用の変痴奇《へんちき》論《ろん》ではない（一部要約）。

そして寺田は次のように結論付けている。筆者にとってもすっと腑に落ちる見解である。

要するにあらゆる化け物をいかなる程度まで科学で説明しても化け物は決して退散も消滅もしない。化け物がないと思うのは却って本当の迷信である。宇宙は永久に怪異に満ちている。あらゆる科学の書物は百鬼夜行絵巻物である。それを繙いてその怪異に戦慄する心持ちがなくなれば、もう科学は死んでしまうのである。

＊

妖怪を題材とした俳句は多い。殊に与謝蕪村は妖怪大好き俳人であった。『蕪村妖怪絵巻』として知られる自筆の絵巻を物しているほどだ（現在それは散逸している）。

化さうな傘かす寺の時雨かな　蕪村
傘《からかさ》も化て目のある月夜哉
秋たつや何におどろく陰陽師
河童《かはたろ》の恋する宿や夏の月
天狗風のこらず蔦の葉裏哉
みのむしや秋ひだるしと鳴なめり

最後の句はむろん、蓑虫が「鬼の子」であるという伝承を踏まえたものである。過日、俳句評論家の坂口昌弘氏からも次のコメントを頂いた。

人間が一番怖い妖怪だと西鶴も蕪村も詠んでいます。蕪村の別号は「紫狐庵」ですが、紫狐は中国道教の神であり何にでも化ける狐だったので、日本で狐が化ける動物になったようです。陰陽師・安倍清明の母・葛の葉が狐の化身というのも道教説話であると思われます。

公達に狐ばけたり宵の春　蕪村
人は何に化るかもしらじ秋のくれ

蕪村以外でも妖怪や怪異現象を詠んだ作品は多々ある。

手をうてば木魂に明る夏の月　芭蕉
稲妻や顔のところが薄の穂
寒月や喰つきさうな鬼瓦　一茶
陽炎や猫にもたかる歩行《あるき》神
化猫も置手拭やむぎの秋　太祇
骸骨のうへを粧ひて花見かな　鬼貫
残梅を無残に折るや大入道　子規
栗はねて大入道と化けても見よ　露月
川狩や河童の宿も踏み尽す　青々

季語として最もポピュラーな妖怪は「雪女」「鎌鼬」であろう。そして「雪女」と言えば、俳人で小説家の眞鍋呉夫氏（一九二〇―二〇一二）である。

氏は第二句集『雪女』（一九九二）で「藤村記念歴程賞」を、翌年には「讀賣文学賞」を受賞した。『定本雪女』（一九九八）は御本人から賜った僕の宝物の一つである。裏表紙には「月光の沁みしが燻る汐木かな」の揮毫がある。

雪女見しより瘧《おこり》をさまらず　眞鍋　呉夫

うつぶせの寝顔をさなし雪女

他の作者では、

雪女くるべをのごら泣ぐなべや　坊城俊樹
篠竹を曳きしあとあり雪女郎　山本洋子
雪女郎です口中に角砂糖　鳥居真里子
雪をんな紐一本を握りたる

などが見られ、あまり詠まれない「雪男」にも、

天子岳に牛牽いてゆく雪男　萩原麦草
尿る前を立塞がれし雪男

といった句がある。また、「運河」誌で「鎌鼬」を詠んだ句には、

かまいたち楔を入れて木を挽けば　茨木和生
鎌鼬なるや師の足掬ひしは　小津溢瓶

などがある。さらに妖怪や怪異に満ちた句。

〈物の怪〉
夕ざくら家並を走る物の怪よ　中村　苑子
浮人形なに物の怪の憑くらむか　角川　源義
物の怪の抜けし皮吊る雪見宿　橋本　榮治
物の怪の椿を落す遊びかな　山根　真矢
〈座敷童子〉
泣き初めや座敷童子の見えかくれ　秦　夕美
雛の間の隣りは座敷童子の間　小原　啄葉
〈ろくろ首〉
ろくろ首にて夕霧をかきまわす　江里　昭彦
〈天狗〉
天狗風落葉一片天へ飛ぶ　品川　鈴子
威銃奥は天狗の山ばかり　百合山羽公
〈狸囃子〉
馬肥ゆる夜々聴く狸囃子かな　久米　正雄
〈河童〉
むかし馬冷やせしところ河童淵　鷹羽　狩行
菱の実も河童の皿も乾くかな　中原　道夫

〈山姥〉

山姥の目敏く土筆見つけたり　沢木　欣一

わが枕には山姥の木の葉髪　品川　鈴子

山姥が塩買ひにくる寒さかな　大石　悦子

亜空間の／無声の／原の／海坊主　林　　桂

〈入道〉

入道がふぐりをつかむ山湯かな　中　　勘助

入道の美髯で食ひし白魚かな　筑紫　磐井

〈魑魅〉

椎の樹の魑魅《すだま》とあそぶ野分かな　藤田あけ烏

満月のさくらの魑魅呼びかはす　矢島　渚男

獄に棲む魑魅が手毬ついてをり　角川　春樹

〈ぬらりひょん〉

ぶらんこに座つてゐるよぬらりひょん　谷口　智行

〈小豆洗ひ〉

あきの水あづき洗ひのあづきが無い　すずきみのる

最後の句、すずきみのる氏の「小豆洗ひ」とは、川のほとりで「小豆洗おか、人取って喰おか、ショキ、ショキ、ショキ」と歌いながら小豆を洗う妖怪。その音に気をとられると、知らないうちに川べりに誘導されて水中に落とされてしまう。

さらに歳時記を縦覧し、怪異に満ちた妖しげな句を挙げてみる。

たましひのしづかにうつる菊見かな　飯田　蛇笏

狐火を詠む卒翁でございかな　阿波野青畝

みちのくの雪深ければ雪女郎　山口　青邨

一枚の落葉となりて昏睡す　野見山朱鳥

寒い月　ああ貌がない　貌がない　富澤赤黄男

何物が蛾を装ひて入り来るや　相生垣瓜人

この樹登らば鬼女となるべし夕紅葉　三橋　鷹女

死神が死んで居るなり百日紅　永田　耕衣

貌が棲む芒の中の捨て鏡　中村　苑子

世の中は箱に入れたり傀儡師　芥川龍之介

わが幻想の都市は空にあり

虹立つや人馬にぎはふ空の上　萩原朔太郎

怒らぬから青野でしめる友の首　島津　亮

暗がりに檸檬泛かぶは死後の景　三谷　昭

満月の裏はくらやみ魂祭　三橋敏雄
死ぬ朝は野にあかがねの鐘鳴らむ　藤田湘子
気がつけば冥土に水を打つてゐし　飯島晴子
まくなぎとなりて山河を浮上せる　斎藤玄
ある闇は蟲の形をして哭けり　河原枇杷男
新宿ははるかなる墓碑鳥渡る　福永耕二
心中を見にゆく髪に椿挿し　寺山修司
北風吹くや一つ目小僧蹤いてくる　角川春樹
死者あまた卯波より現れ上陸す　眞鍋呉夫
満開の森の陰部の鰓呼吸　八木三日女
狂ふまでは螢袋の中にゐた　齋藤愼爾
八月の赤子はいまも宙を蹴る(＊)　宇多喜代子
渋滞を抜けて加速の霊柩車　森田智子
殺めては拭きとる京の秋の暮　攝津幸彦
すべてをなめる波の巨大な舌に愛なし　夏石番矢
花吹雪観る土中の父も身を起こし　西川徹郎
一本のすでにはげしき花吹雪　片山由美子
雪暮れや憎くてうたふ子守唄　中原道夫

大神を仕留めて狂ひ絶えし家　三村純也
目覚めるといつも私が居て遺憾　池田澄子
火事かしらあそこも地獄なのかしら　櫂未知子
坂道の上はかげろふみんな居る　奥坂まや
冬の蠅見れば絶叫してゐたる　小川軽舟
冬空に首浮きゐるを秘密とす　関悦史
先生の背後にきのこぐも綺麗　谷雄介
書きあぐねゐる長き夜の妖怪論　谷口智行

前掲句に収めた「八月の赤子はいまも宙を蹴る　宇多喜代子」（＊印）は氏の体験をもとに、戦禍の痛ましい赤子の姿を詠まれた作品。よって本稿の趣旨から外れるのではとの指摘を受けるかもしれない。しかし、いたいけな死者、無辜の民が真っ黒に息絶えて宙を蹴る姿には、本能的な怒り、恐怖、悲しみ、死への抗いが表現されていよう。そこからは紛れもない言葉以前の言葉、目に見えない魂の叫びが聞こえてくる。例句に抽かせて頂いた所以である。

＊

冒頭に『古事記』の一文を抽いたが、今度は『日本書紀』の記述を見てみよう。この書の「神代紀・下巻」に、高皇産霊《たかみむすび》が瓊瓊杵《ににぎ》を葦原国に派遣する際のこんな託宣がある。

彼《そ》の地《くに》に、多《さは》に蛍火の光《かがや》く神、及び蠅声《さばへな》す邪《あ》しき神あり。復《また》、草木咸《ことごとく》に能く言語《ものいうこと》あり。故、高皇《たかみ》産霊《むすび》尊、八十《やそ》諸《もろ》神を召し集《つど》へて、問ひて曰《のたま》はく。吾、葦原中国の邪《あ》しき鬼《もの》を揆《はら》ひ平《む》けしめむと欲《おも》ふ。当《まさ》に誰を遣《つかは》さばよけむ。

ここに登場する「鬼《もの》」とは「蛍火の光く神」「蠅声す邪しき神」「咸に能く言語」のある草木のことである。「鬼」の中に「神」が含まれていることも興味深いことだが、ここでは「復、草木咸に能く言語あり」に着目したい。この一文、歴史学的には、天皇家を頭に戴く大和民族以外の異民族や彼らに征服された人々を比喩的に表現したものと解釈されている。

しかし、妖怪論という立場からすれば、「言葉を喋る草木」こそが「物の怪」に原初の記述と見ることができる。文字の無かった時代、形を持たない言葉は無記名の想像力によって、得体の知れない力となり、妖しげに図像化され、一つの物の怪が生成されたとみる。

*

妖怪の図像化と言えば、冒頭で触れた水木しげる氏である。初期の水木作品では「妖怪」とは恐ろしいものであり、出遭った人間は食い殺され、あるいは破滅し、無《む》間地《けんじ》獄《ごく》（大悪を犯した者が、死後絶えることのない極限の苦しみを受ける地獄。阿鼻ともいう）に落とされることになっていた。そしてまた、人間と闇に巣くう妖怪とは相容れないものとして描かれ、実際あの「ゲゲゲの鬼太郎」も原作では「墓場の鬼太郎」であった。

しかしその後、水木ワールドにおける妖怪と人間の関係性は徐々に変わってゆく。一見不気味で恐ろしい妖怪であっても、已む無き事情があって妖怪に身を落としたもの、改心して人間社会の中でひっそりと生きているもの、はたまた人間と仲良く暮らす妖怪までもが登場するようになる。

先の井上円了によると、妖怪は「本物（実怪）」と「偽物（虚怪）」に分類されるという。虚怪は、その多くは見間違いに起因するが、ある対象を意図的に実怪として扱ったこともあった。その代表が被差別民である。

かの南方熊楠が柳田國男と仲違いした理由も山の民に対する差別、偏見を巡ってのことであった。山中で暮らす人々について特殊文化を持つ「山人」と位置づけた柳田に対し、南方は柳田の無知、情報不足ゆえの職業・集落差別であると反発したのである。

和歌山大学の中島敦司教授（システム工学部環境システム学科）もまた、当地の「熊野新聞」に連載の『妖《あや》しの熊野』の中で、「水木作品中の妖怪が変化していった理由は、水木もまた南方同様に差別を憎んだからではなかったか」と述べている。中島氏は二〇一六年八月二十日、「南方熊楠顕彰館」（和歌山県田辺市）において「鬼州に棲み着いた化け物たち」と題する講演を行っている。

また大いに可能性のあることだが、南方熊楠が被差別民との付き合いを通じ、差別は不当であるとの主張を持っていたように、水木しげる氏もまた妖怪を題材にして社会の闇、差別や争いという人間の愚かさを指摘していたのかもしれない。もはや叶わぬことだが、そのあたりのことを含め、井上円了、柳田國男、寺田寅彦、そして南方熊楠、水木しげる各氏の話を今一度伺いたいところである。

（「運河」二〇一六年八月号）

熊野の庚申——地域コミューンの一役を担う

庚申の足の下からわらびかな　　小林　一茶

庚申《こうしん》とは悪疫除去・亡霊鎮護を祈り、農村では農神としても祀られ、道祖神（塞の神）の役目も兼ねた、いわゆる民間信仰・民俗的祭事である。

わが国の庚申信仰は平安時代に遡る。中国伝来の道教が起源とされるが、実際には道教で説く「三尸《さんし》説」「守庚申《しゅごうしん》」を中心に、「仏教」と「神道・修験道（猿田彦）」が入り混じった特異な宗教ということになる。はじめに少し確認しておこう。

十干は、甲・乙・丙・丁・戊《ぼ》・己《き》・庚《こう》・辛《しん》・壬《じん》・癸《き》の総称である。「干」は木の幹が語源で、この十干を五行の木《き》・火《ひ》・土《つち》・金《か》・水《みず》に当てはめ、それぞれに陽を表す「兄《え》」と陰を表す「弟《と》」を順次組み合わせる。次の通りである。

甲（木の兄＝きのえ）

乙（木の弟＝きのと）
丙（火の兄＝ひのえ）
丁（火の弟＝ひのと）
戊（土の兄＝つちのえ）
己（土の弟＝つちのと）
庚（金の兄＝かのえ）
辛（金の弟＝かのと）
壬（水の兄＝みずのえ）
癸（水の弟＝みずのと）

一方、十二支とは中国の暦法で時刻や方角の名で、

子（ね・し）
丑（うし・ちゅう）
寅（とら・いん）
卯（う・ぼう）
辰（たつ・しん）
巳（み・し）
午（うま・ご）
未（ひつじ・び）

申（さる・しん）
酉（とり・ゆう）
戌（いぬ・じゅつ）
亥（い・がい）

となる。十干の「干」が木の幹を表すのに対し、「支」は木の枝を表す。古代中国では天空の方角を十二に分け、それぞれの方角の記号として動物の名をつけた。

この「十干」と「十二支」を組み合わせてゆくと、六十種の組み合わせができる。これを「十干十二支《じっかんじゅうにし》」、または「六十干支」、または単に「干支《かんし》」という。「甲子《きのえね》↓乙丑《きのとうし》↓……」と順に進み、最後は「……↓壬戌《みずのえいぬ》↓癸亥《みずのとい》」で一巡し、最初の甲子に戻る。一巡するのに六十通りだから、日に当てはめると六十日、年にあてはめると六十年かかる。

庚申の名の由来は十干十二支の組合せの庚申《かのえさる》から来ている。庚申の日も当然六十日ごとに巡り来るわけだが、年で言えば、人が生まれた年の干支に再び還るのが「還暦」、すなわち六十歳となる。

甲子園球場の名の由来も、球場が完成した大正十三年は十干十二支の最初の年・甲子《きのえね》の年であったから。「壬申の乱」（六七二）は壬申の年、「戊辰戦争」（一八六八）は戊辰の年、「辛亥革命」（一九一一）は辛亥の年である。ちなみに「運河」主宰、茨木和生の生年一九三九年（昭和十四年）は己卯《つちのとう》の年である。

安土桃山時代の大泥棒・石川五右衛門や江戸末期の鼠小僧は庚申の日に生まれたことも有名な話だ。これによってこの日に生まれた子は大泥棒になるという俗信が生まれた。幕末の一八六七年に生まれた夏目漱石も庚申の日に生まれたため、両親は縁起でもないと「金之助」と名づけた。当時は金、銀、鉄などの付く名を縁起良しとしたのである。
例えば二〇一四年は甲午《きのえうま》、二〇一五年は乙未《きのとひつじ》である。
二〇一五年を例に挙げれば庚申の日は、

初庚申（二月十三日）
二庚申（四月十四日）
三庚申（六月十三日）
四庚申（八月十二日）
五庚申（十月十一日）
納《おさめ》 庚申（十二月十日）

となる。「納庚申」とは、「終庚申《しまいこうしん》」「果の庚申《はて》」「止庚申《とめ》」とも呼ばれ、その年最後の庚申の日《かのえさる》。巡り方によって十一月になることもある。このように庚申月は偶数月になることが多いが、その月に引く風邪を「庚申風（庚申風邪）」という。

玉子酒庚申風邪と言ふ人に　上村　佳与
納庚申被布《ひふ》の老女の後につく　長島　幸子

さて次に道教における「三尸説」である。
人の体内には鬼霊と通じて外邪を引き入れる「三尸」（三虫《さんちゅう》）が住むとし、六十日に一度の庚申の日の夜、人が眠っている間に体から抜け出し、天帝（司命道人：生死を司る神、仏教では帝釈天）の許へ昇り、人の罪悪を告げて命を縮めるというもの。道教には行いの善悪によって寿命が変わるという考え方があり、大きい過ちで三百日、小さい過ちで三日の命を縮めるとされた。

これによって庚申の夜は身を慎んで徹夜する「守庚申」の信仰が生まれたというわけだ。徹夜して起きていれば、三尸が報告に行くことが出来ないという発想。この日は洗濯、裁縫、夜業、髪結い、山や漁に出ること、夫婦の営みなども禁止された。とは言え、夜一人で眠らずに過ごすのは難しい。そこで、「庚申講」と称する集まりを組織し、会場を決め、集団で「庚申待ち」を行うようになった。「守庚申」「庚申待ち」「御申待ち《おさる》」「庚申会」「庚申講」「庚申祭」はほぼ同義である。

三尸の虫とは、上尸・中尸・下尸《げし》の三種類。上尸は道士の姿、中尸は獣の姿、下尸は牛の頭に人の足の姿をしている。上尸は頭（脳）に住み、眼を悪くしたり、皺を増やし、白髪を生やす。清姑《せいこ》・彭倨《ほうこ》とも呼ぶ。中尸は腹に住み、五臓を害し、食欲を異常に強くする。白姑《はくこ》・彭質《ほうしつ》とも呼ぶ。下尸は足に住み、精を悩ませる。血姑《けつこ》・彭矯《ほうきょう》とも呼ぶ。大きさはどれも二寸で、生まれた時から人体に住んでいるとされる。

＊

新年の季語「初庚申」は正月最初の庚申《かのえさる》の日をいう。帝釈天の縁日とするが、人々はこの日に各地の庚申堂や帝釈天を祀る寺院に参詣する。殊に東京都葛飾区柴又の帝釈詣はよく賑わい、前夜の「宵庚申」には夜通し市が立つ。かつて江戸の町家では青面《しょうめん》金剛（後述）を祀り、庚申待ちの酒宴を催し、炒り豆（後述）を食べ、女は縫針の仕事をやめ、普段つけている鉄漿《おはぐろ》をつけない風習があった。

梅が香や初庚申の瀬戸《せど》の風呂　蓼太

はじき猿初帝釈に買ひにけり　黒田晃世

初庚申都電はゆるく通りけり　高田堅舟

熊野市飛鳥町神山《こうのやま》に住む山本田米男《たねお》氏の家系は庚申の講元（講親）として代々庚申を祀って来た。初庚申の日は近くの光福寺（宝鏡山興福寺）和尚の読経の後、餅撒きと直会を行って賑わう。しかしこうした盛大かつ丁寧な初庚申は熊野市域でも少なくなった。

熊野市波田須《はだす》町では初庚申の日のみならず、六十日ごとに巡って来る年間六度の「庚申さん」を祀っている。この地の供物は独特である。米団子の表面に大豆を散らし、御神酒、塩の他、海水（現在は塩水）を入れた竹筒を供えている。

「庚申待ち」は平安時代に貴族間で始まり、「庚申御遊《こうしんぎょゆう》」と称してその夜を過ごし、碁・詩歌・管弦などの遊びが行われた。鎌倉から室町時代には上流武士階級にもこの風習が広がり、飲食などの遊興的な要素がより強くなった。

江戸時代には庚申講の人々が集まり、神仏を供養することで現世利益を得ようとする風潮になる。庶民は庚申の夜、講元に集まり、「青面金剛像」や「猿田彦大神」などの掛軸の前で般若心経などを唱え、その間に会食や雑談、あるいは夜通しの酒宴を行った。一種の社交場である。

大正時代以降は庚申信仰やこれらの風習は衰退した。不思議なことだが、庚申信仰における貴族→武士↓庶民という階級の変遷は熊野三山詣のそれと似通うところがある。

和歌山県本宮町湯峰《ゆのみね》で特定郵便局長をしていた義祖父・和玉文一（明治三十三年生れ、九十八歳で逝去）の家でも庚申の宵に人が寄り合い、「庚申待ち」を行った。事の初めは、ある日近くの旅館「伊勢や」で庚申の掛軸（または尊像）が発見され、以後地元湯峰の仲間六人で庚申御遊《ぎょゆう》を行っていた。隠居家での集会だったので、そこで何が行われていたかの記録もなく、今や身内の誰もそれを知らない。

庚申の日は金気《きんき》（秋気・秋の気配）が天地に充満し、人心が冷酷になりやすいとされる。そこで金気の申《さる》、すなわち猿を封じて金気剋殺《きんきこくさつ》を所期する。金気剋殺とは、春の気を抑制する金気を抑制し、早く春が来るのを願うこと。いわゆる「三猿《さんえん》」である。陰陽五行思想では、

火＝視
水＝聴
金＝言

であるから、三猿では金気に関わる「言わ猿」が重要で、そのために中央に据えられている。

三 猿 の 二 猿 は 見 て ゐ る 初 庚 申　　但馬　美作

わが国にはこの五行思想を基にした「迎春呪術」が今も伝統として引き継がれている。

例えば「猿回し」。これは、猿（＝金）を回す（＝剋す）という迎春呪術の代表で、春の芽生えの力である「木」のエネルギーに相対するエネルギー「金」を「剋す」（＝やっつける）ことにより春を迎えるエネルギーを高めるというもの。猿回しは「金気剋殺」「木気迎引」としての迎春呪術であった。

東北地方では正月に餅で小さな犬の形を拵え、これを窓の外や戸口に飾る風習がある。犬と餅の白色が金気を象徴するためで、これを「餅犬」という。

帝釈詣の部分で触れた「炒り豆」も全国的に行われている。いわゆる「節分の豆撒き」である。これも金気剋殺の呪術とされ、金気の象徴である大豆は最初に火で炒り、次に「鬼は外」と発し、鬼を打つことを名目にして豆を外に投げ捨て、そして食べる。旧暦十二月（水気・陰気の終わり）に鬼の源流である「土牛」（牛＝丑）を外に出すことにより冬を送り出そうというのである。

いま「牛」について言及したが、五行の五畜とは、木が鶏、火が羊、土が牛、金が犬、水が豚（または猪）となる。ちなみに五行の五色とは、木が青、火が赤、土が黄、金が白、水が黒である。

節分の夜は鰯の頭を柊に刺して戸外に出す風習があるが、柊は文字通り冬を象徴する植物。この柊の枝を戸外に出すことは冬を追い出すことで、春を迎える呪術となる。鰯は水に属する「魚」偏に「弱」を旁《つくり》としており、「水」はものの首《はじめ》、最も微弱なものとされ、冬は万物の衰弱する時である。これにより鰯（歳時記では秋の季語だが）は五行説においては水気と冬を象徴する呪物となる。鰯は頭を灼《や》かれ、柊に突き刺され、戸外に曝されるなど散々な目に遭う。冬そのものを殺し、追放し、一気に春を迎えようというのである。

＊

熊野市域の「庚申塔」の殆どは地元の石工によって彫られたものだ。最も年代の古い庚申は熊野市大《おお》泊《どまり》町松崎に建てられ、江戸前期の天和《てんな》三年（一六八三）とある。

庚申塔は祀られるものによって、青面《しょうめん》金剛像塔、文字庚申塔、猿田彦庚申塔、庚申塚の四種に分類される。

一．青面《しょうめん》金剛像塔…青面金剛は帝釈天の使者で、羅刹《らせつ》とともに毘沙門天の眷族《けんぞく》となって北方を守る神。自身も九万の眷属を持ち、寒山という山に住む。顔の色の青い金剛童子・夜叉神で、伝屍病鬼とも呼ばれ、元は鬼病を流行させる神であった。しかし「毒をもって毒を制す」の言葉のように、三尸を抑え込み、病魔・病鬼、殊に伝尸病（結核）を払い除く神とされる。羅刹もまた人を食う悪鬼であったが、後に仏教に入り守護神となった。青面金剛は六臂《ろっぴ》三眼（六つの臂《ひじ》、つまり左右三本ずつの腕、三つの目）の忿怒相を呈し、二臂や四臂もある。道教思想を基本にして日本の民間信仰の中で独自に発展した。尊像の右上に日雲、左上に月雲、手には弓、矢、鉾、宝輪などを持ち、下部に三猿や鶏、足元に邪鬼が彫られている。紀和町大河内《おこち》三浦の庚申塔の青面金剛はギリシャ神話のメドゥーサのように髪が逆立ち、その形式は珍しいという。また青面金剛の命を受けるのは白蛇で、その使いとして走るのが猿である。猿はじっとしておらず動き回っているので、「くくり猿」「くくってご猿」となった。真っ赤な小さな座布団の四隅を折り曲げて一つにくくり、その間に丸い頭を付けた御守りで、手足をくくられた猿を表している。庚申堂の門前や周辺の民家の門口にも梵字が記され、ご祈禱を受けた「くくり猿」が下げられている。

二．文字庚申塔…「庚申」「庚申塔」「庚申塚」等の文字を刻字している塔。

三．猿田彦庚申塔…日本神話で天孫（瓊瓊杵尊《ニニギノミコト》）降臨の際、猿田彦は先頭に立って道案内し、後に伊勢国五十鈴川上に鎮座した。中世になって「申」と「猿」が同音のため、庚申の日に猿田彦を祀るようになった。また、天孫に道案内をしたことから道祖神と結びつき、道端で集落を守る役目をしている。

四．庚申塚…刻字のない自然石を庚申として祀る。

当地の庚申については、熊野市大泊町在住の向井弘晏《ひろやす》著『熊野市域の庚申塔と庚申信仰』㈱マージネット、二〇一四）に詳しい。向井氏が熊野市域で調査した庚申塔百三十六基の内訳は、青面金剛像塔が九十五基、文字庚申塔が三十七基、猿田彦庚申塔が三基、庚申塚が一基であった。

供花は仏教系の柃《ひさかき》（コハナ、ビシャコ）や高野槇が四十八基、神道系の榊《さかき》が四十七基、両者が混在する習合系が二基であった。庚申塔は墓地ではないから、仏前草である樒《しきみ》は供えられていない。また青面金剛は石仏であるにも関わらず、庚申塔の周りには神社に奉納する白石が敷かれ、小さな鳥居が添えられていることなどから、「この地方では明治以前の神仏習合の風習が今も残り、神仏を分けることなくこれらの花々を供えているのだろう」と氏は分析している。

さらに、庚申塔の木札に書かれた「庚申真言《しんごん》」の言葉も集落によって少しずつ違っている。この点について向井氏は「人々は地元の身近な庚申にだけ詣でて、他所の庚申に参ることがないため、年月を経

て独自に変化したのであろう」と記している。本来の庚申真言は、

唵《おん》　庚申礼《こうしんれい》　庚申礼《こうしんれい》　摩怡多利《まいたり》　摩怡多利《まいたり》　娑婆詞《そわか》

と唱えるが、集落によっての違いは以下の通り。

（金山町松の平）オン　コウシンデ　コウシンデ　マイタレ　マイタレ　ソワカ

（飛鳥町小又）コオシンテイ　コオシンテイ　シッチリエイ　ソワカ

（五郷町湯屋）オン　コウシンレイ　コウシンレイ　マイタレイヤ　ソワカ

（紀和町湯口）　同右

（紀和町小川口）オン　コウシン　コウシン　マイタリ　マイタリ　ソワカ

かつて全国各地で庚申のための組織「庚申講」が作られ、多くの庚申塔・庚申堂・庚申塚が建てられた。人々は「庚申さん」と呼んで神格化し、長く人々に親しまれた庚申信仰であった。庚申講は時に、集落の葬儀や金融の互助組織も兼ね、地域コミューンの一役を担った。

しかし農村の過疎化や高齢化、宗教心の多様化、薄れゆく信仰心などにより、時代とともに忘れ去られて行った。

集落に点在する庚申塔は、もはや過去の遺物の感を拭えない。そんな中、きれいに掃除され、花を絶やさぬ庚申塔を見つけると心が和む。かつて集落の人々を強く結びつけていた「庚申さん」、では、今の時代何がそれに代わる役目を果たすのだろうと思いを巡らせている。

（「運河」二〇一七年四月号）

農——それぞれの文化の根源

筆者の父系について。祖父は紀南の土木建築の請負師であったが、それ以前は代々農家だった。祖父と同じ在所に育った祖母（従妹）も農の出だ。両家の祖先はともに三重県御浜町山地《やまぢ》という小さな在所で、文字通り「山の地」で脈々と農の血を受け継いで来た。

一方、母系のルーツは熊野ではない。祖父は静岡県沼津の「笹屋」という旅籠屋に生まれ、幼少時は和歌山県串本町に育った。祖母は岡山市茶屋町の足袋問屋の娘で、祖父が岡山医専（現岡山大学医学部）に在学中の時に祖母と知り合った。大学卒業後は串本で少し仕事をして、その後三重県御浜町で開業した。

さて筆者の父は、御浜町の請負師の次男であったから土木関係に進まず、歯科医になった。母は先述の通り御浜町の医家の娘。よって筆者はこれまで一粒の米、一株の野菜を作ることなく生きてきた。

しかし遠い過去、谷口家を含めわが国の人々の大部分が農民であったことを思えば、大多数の日本人の生活感情の源泉には大地からの生産の願望と喜びという精神風土が存在するに違いない。

日本全体に言えることだが、地方の高齢化率は高く、独居老人も増え、今後団塊の世代が高齢化し、ますます高齢化率が高くなり、労働生産人口の減少も年々進んでゆく。当地においてもそれは稲作や蜜柑栽培に関わる農業従事者、漁業関係者の減少を意味する。

＊

農の風景でまずよく目にするのは、草を毟るお年寄りの姿である。今も昔も田畑の収穫を確保するために、草取りは欠かせない。当然のことだが、作物が草に負けて育たなくなるからであり、農は草取りに始まり草取りに終わると言っても過言ではない。

日本は海に囲まれ、高い山もある島国だから、よく雨が降り、夏は暑く、台風が大量の水を運んでくる。これにより植物が茂り、木々の枝がぐんぐん伸びる。

一方欧州では、春が過ぎるとすぐに乾いた枯草の季節になるため草取りの必要はなく、夏になったら草は早々に実をつけて枯れてしまう。そしてその枯草は牛や羊に食べさせる。世界の多くの地域は草の生えないことと戦っているのに対し、日本の人々は草の生えることと戦ってきた。そして草取りは作物が効率良く育つために行うだけではなく、畑にペンペン草などが生えていると家の恥とされた。日本人の心には人の目に触れる場所に草を生やしたままにしない感覚が今も根付いている。

八重葎しげれる宿のさびしきに人こそ見えね秋は来にけり　恵慶《ゑぎやう》法師

百人一首の歌である。大意は「八重葎が茂っているさびれた家、そこを訪れる人は誰もいない。それでも季節だけは移り変わり、秋はやってくる」というもので、秋は寂寞の季節であることを詠んでいる。

本稿の主旨に照らして読めば、草茫々の荒れ果てた家、夏の間によくまあこれほど茂ったものだ、と家周りの草を取るゆとりもなかったということになる。ちなみに、本来の「八重葎」はアカネ科で、秋には枯れてしまう。この歌の「ヤヘムグラ」は、正確には「カナムグラ」である。

言うまでもないが、「百姓」という言葉の理解のために書き添える。

桶を作る人を「桶屋」、鉄を打つ人を「鍛冶屋」、髪を切る人を「床屋」、医術を行う人を「医者屋」と呼んだように、プロの手職人に対し、それに因んで姓がつけられた。「姓《かばね》」である。農家の人が「百姓」と呼ばれたのは、百の姓を持つほどの手職人としての知識と経験があることを意味し、それほど高度な技量と繊細さを必要とする難しい仕事であった。ところが百姓は農の労苦に加え、平安中期以降、きびしい年貢の取り立てに身を削ることになった。

離別《さら》れたる身を踏込《ふんこん》で田植哉　蕪村

上五「離別れたる」には、夫の側から一方的に離縁された若い女の悲哀が籠められている。かつて田植えは一族総出の共同作業であった。離縁になった家と彼女の生家はややもすれば、一つ村の中にあったかもしれない。彼女は好奇と同情の目に晒されながら、それでも泥田へ一歩、力強く踏み込むのであった。

ところで、日本人の主食は昔から米であったと勘違いしている人は多い。確かに江戸・京・大坂の三都では貧乏人も米を食べることができたが、全国的にはほとんどの人々が少量の米に麦や稗、粟、黍などの雑穀を混ぜて食べていた。「糧飯《かてめし》」である。百姓は米を作っても年貢として巻き上げられ、米飯は

葉もある。

ほとんど食べなかった。粮飯は「まぜ飯」「五目飯」とも呼ぶ。死に臨んで採る食物「死粮《しにがて》」という言

死粮をひとつ増やして鱧の皮　茨木　和生

江戸時代、全国規模の飢饉の時であっても江戸では白米を食べることができた。しかし白米は糠とともにビタミンB_1が除去されているため、江戸では脚気《かっけ》に罹患する者が多かった。当時の人々の食事は「一汁一菜」であり、副食で十分なビタミンを補わなければ容易にB_1欠乏状態となり、全身浮腫や心不全で死亡するに至ったのだが、これを「江戸患《わずら》い」という。

一方、この時代の田舎の人々に脚気が少なかったのは麦や雑穀を食べていたからである。麦には白米の二倍のビタミン、四倍のカルシウム、鉄分が含まれていた。

＊

戦後七十年余、日本の農業環境は一変した。

西欧の影響を強く受けて機械化され、化学肥料や農薬の普及によって生産性ばかりが重視されるようになった。桜の開花や遠嶺の雪形で農作の時期を見計らい、畦や土手の草に目をやり、自然や季節を感じながら営まれてきた尊い仕事は影を潜めた。押し寄せる西欧の波は自然というものの高みに立ち、循環する生命の輪を断ち切り、日本人の自然観や感性、知性すらも奪ってしまった。

わが国は本来、きちんと米を作れば自給で賄える国である。それにも関わらず、わざわざ減反して米

の生産量を減らし、海外から加工米や、時に食べられない事故米まで輸入した。過剰減反によりタイ米が日本の食卓に上ったこともあった。これらの現象は、日本が海外へ車や電化製品などを輸出する見返りに農産物を輸入しなければならないといった政治的取り決めによるものだ。

わが国の農家への補助金は、それぞれの「栽培面積」に対して支給される仕組みになっている。これでは平地に広大な土地を持っている大規模農家が優遇されるばかりで、山間地の小規模農家にまで補助金が公平に行き渡らない。

平地の少ない熊野においても同様で、多くの小規模農家が農地を手放さざるを得なくなっている。放棄田である。三重県南牟婁郡紀和町の丸山千枚田や御浜町尾呂志《おろし》の米は美味いと評判が良いことからも分かるように、平地よりも山間地の斜面を利用した棚田、かつての隠し田のような農地でこそ旨い米ができるのである。

また、日本の農業の効率を悪くしている原因の一つに農協の存在がある。葬儀場の運営管理にまで仕事が拡大され、否応なくそれらをこなしている農協職員には何の罪もないが、現在の農家の数に対し職員の数が多すぎる。これは全国的な傾向であり、国政レベルの課題である。

農協には三つの大きな役割がある。農業の技術指導、農機具などの資材の販売、農産物の貯蔵である。

過去には農協による技術指導が功を奏し、生産量は格段に上がった。ところが、これにより農協が農家をコントロールするシステムが出来上がり、農産物の均一化が進んでしまった。各農家が自由に好きなものを作るのではなく、流通に乗りやすい品種でなければならぬといった強制力が働き、価格と品質の安定のため、例えば、各農家から集荷したものを農協がブレンドし、「〇〇米」などと土地の名などをつけて流通させている。

また、耕耘機やトラクターなど高価な農機具をそれらの必要のない小規模農家に購入させるのも農協の仕事となった。農協職員に重いノルマが課せられているのかは知らないが、農産物を購入するための引き換え条件のような雰囲気も聞こえてきて、後継ぎのいない農家に対し、世代にわたるローンを負わせる結果となる。

農産物は農協が集荷して市場に卸す。票田の取りまとめも全て農協単位だ。よって農協は農家より力を持ち、農家の財布は農協が握ることになった。こうした悪しきシステムの早急な改善が待たれるところであるが、次に平成二十六年九月十八日の朝日新聞〈天声人語〉の一部を抜粋する。


ありがたいことに今年も豊作が見込まれるそうだ。一方で米価は下落が著しい。全国の産地の目安になる新潟のコシヒカリは、農協の買い取り価格が去年より一割以上安いという。ご飯離れで米は余りがち。そこへ供給が過剰となって安値に導く。農家の悲鳴と諦めが気にかかる。「意欲をなくす」という声が各地で湧いているようだ。ころころ変わる「猫の目農政」に農家は振り回されてきた。とりわけ米は、政治的な思惑に左右されやすい作物である。グローバル時代に合った効率農業へ舵を切るなかで、山田の中の案山子の風景は消えてしまうのだろうか——。新米の味わいも少し複雑になる。

＊

ここで、世界に目を向けてみよう。

米・ソ二大国とこれに次ぐ先進諸国に対し、アジア・アフリカ・中南米などの発展途上国を「第三世界」という。

一九四〇年代から一九六〇年代、この第三世界において高収量品種の導入や化学肥料の大量投入などにより穀物の生産性が向上し、穀物の大量増産を達成した。それが「緑の革命」である。

この成功は世界中で声高々に讃美された。農業を推進することによって食料は確保され、一時これらの国々の食料問題は解決されたかに見えた。しかしその結果、急激に増えはじめた人口を養うために農業を絶えず拡大させねばならぬ悪循環に陥り、この人口増は地球上の人口問題ともなって「緑の革命」は大失敗に終わった。

さらに、旧ソ連政府の強引な農業化政策が引き起こした悲劇がある。中央アジアの大湖アラル海の消滅である。

古来、カザフスタンを中心とする中央アジアの乾燥地帯では長閑《のどか》な遊牧が行われていた。しかし旧ソ連政府は遊牧よりも生産性の高い農業への転換を図り、この半砂漠乾燥地帯を高度な土木・灌漑技術によって広大な農地に変えてしまった。ここを流れるアム河・シル河という二大河川から水を引き、棉の栽培を始めたのである。これにより何十万人という農民が移り住み、それまで自国ソ連で生産できなかった棉の一大農地を得るに至った。

琵琶湖の約百倍の広さで、一九六四年の時点で世界第四位の大きさを誇った塩湖・アラル海であったが、この湖を養っていたのはアム・シル二大河川であり、ここからの取水によって湖はみるみる縮小し始めた。二〇〇〇年には湖水が減って、小アラル（北）と大アラル（南）に分断し、それぞれの湖の塩分濃度は高まり、魚が死に、古来よりのアラル海の水産業までもが崩壊した。

また大規模灌漑で成された農地は土の表面から絶えず水が蒸発するため、地中の海水を吸い上げ、農地には大量の塩が蓄積し、もはや植物も育たなくなった。かくして農地は広大な荒地と化し、草も生えなくなり、再び遊牧に戻ることもできなくなった。近年は周辺の降水や降雪が極端に少なかったことも影響している。そして中央アジアはアラル海を失い、遊牧を失い、何一つ生産のできない砂漠だけがそこに残された。

他にも、熱帯林を切り開いて農地化した国もあれば、中国の黄河流域のように国から土地をもらって開墾した場所で農業を行い、工場排水や生活排水がほとんど未処理のまま黄河に流れ込み、この水を灌漑用水として引いたため漁業被害がもたらされたケースもある。

地球規模のこのような取り返しのつかない事態はすべて、人類が先見なしに農業を持ちこんだことに起因する。ネアンデルタール人が滅びたのは、われわれホモサピエンスが農業を始めたという「農業原罪説」は、そういった意味で注目に値いする。

中国には渤海湾に流れる「遼河」という七大河川の一つがあるが、その河に未処理の廃水が長年流れ込み、強風時にも波が立たないほど海が汚染されてしまった。近年話題となったエチゼンクラゲの大発生も遼河の汚染に起因するという。中国はさすがにこれではいけないと、この地で農薬も肥料も使わない「生態農業四位一体」というこんなモデル事業を始めた。

遼河の葦原は十五万ヘクタールもあり、アジアで一位、世界で二位の広さを誇る鳥獣保護区である。ここで年間五十万トンの葦を収穫し、パルプを作る。それから葦原で上海蟹を飼い、もう少し深い所で魚を飼う。水辺でアヒルを飼う。葦が水を浄化して稲が作れるようになるという。キャッチフレーズは「蟹の畑で稲を作る」である。

一方、わが国においても戦中から戦後にかけての食糧難の時代、湿地の干拓が盛んに行われ、殊に高度経済成長期以降、琵琶湖の周辺では大小四十余あった内湖が干拓されて農地に変わった。これによって米の生産確保に大きな役割を果たしたものの、魚類は在来種に代わり、ブラックバス、ブルーギルなどの外来種が繁殖、琵琶湖の生態系が大きく変化した。また水質悪化で湖岸に藻が覆い、甚大な漁業被害をもたらし、京阪神の住民千三百万人の水甕に危機が及ぶことになった。現在もわが国では諫早湾干拓事業や水門撤去、それらを巡る紛争が続いている。

北海道では、子牛の脚に縄をかけて引っ張り出さなくては、母牛が自力でお産ができない地域がある。母牛がチッソ過多の水を飲んでいるため、ヘモグロビンの酸素運搬能力が低下し、体内の酸素不足により息切れをしてしまうためである。

チッソ過多の水の原因は、外国から輸入した飼料で飼育した牛の糞尿が表流水に入り、それをまた牛が飲むことによるものだ。広い土地で放牧できれば、牧草を経てチッソ循環が起きるが、狭い牧場では循環せずに表流水に入ってしまうのである。加えて、有機農法の名目で大量にばら撒いているこの地の牛の糞尿から排出されたチッソとリンが国土にどんどん溜まってゆく。

糞尿と言えば、わが国にも以下のような時代があった。

近郊の農村から都市へ糞尿を買い取りに来て、それを肥料として育てた野菜を都市に売りに来るという循環、すなわち「糞尿経済」である。かつて大都市ではすぐれた肥料として糞尿の売買がなされていたのであった。
次の川柳は、吉原遊郭が焼失した後の仮営業で糞尿価格の交渉が難航している有り様である。

仮宅《かりたく》は下肥《しもごえ》の値も定まらず

京都、大坂など上方では道端に小便たごが置かれ、通りすがりの女が恥じることなくこちらに尻を向け小便をしている光景を、滝沢馬琴が旅行記に書いている。さすがにこれは武士の町江戸では見られない風俗だった。

京女くるりと捲《ま》くつて立小便

都市の糞尿が排泄物利用として有効に処理され、近辺地域の農業を支えていたということになるが、先の北海道のチッソ禍のことを思えば長閑な話ではある。

＊

わが国において統治の基本形態を「律令制」としたのは奈良時代から平安時代初期にかけてである。「班田」の収授によって耕地を保証し、その代わりに「戸籍」をつけ、租税や労働を課し、人身を支配するものである。つまり戸籍とは租税徴収のための台帳であり、人々をその地に安住させようとする発想の産物と言える。
明治五年に作られた「壬申戸籍」はこの「律令制」を継承したものだが、これによれば当時の全人口の七八％が「農」と記されている。しかし実際には戸籍上の「農」は農民や百姓だけを指すものではなかった。「農」には漁民、林業民など様々な職業の人が含まれていたのである。つまり制度上、いわゆる「水呑百姓」と位置づけられた人たちは貧民だけではなく、実は農地を持つ必要のない裕福な廻船商人なども含まれていた。

自由な「交流・交易」は人類の歴史とともにあるが、税金を取る側からすれば、それは不都合なことで、国民が一ヶ所に定住して米を作ってくれた方がその収穫量も把握しやすく、税金も取りやすい。

過去には人民の逃亡や浮浪によって租税が取れなくなったため崩壊した古代国家もあったが、この逃亡や浮浪はいわゆる夜逃げや遁走ではなく、実は人民の生活に必要な「日常的な移動」であった。

また、「日本の中世・近世は自給自足の社会であり、一般庶民には移動の自由が無かった」とするのは誤りである。江戸時代においても、百姓は奉公に行くなどして日常的に移動を繰り返していたし、伊勢参りもあれば熊野詣もあり、西国三十三所の観音に巡礼する西国巡礼もあった。熊野詣の場合、年間三万人を越える人が伊勢から熊野に向かったという記録がある。

戸籍上「農」に一括された海の民や山の民の中には、本来移動しないと生活できない者たちも含まれていた。農民が自給自足の村に定住し、土地に縛られているというのは、「瑞穂の国」という民俗的アイデンティティーを貫くための、ある種の強迫観念、近代が作り上げた虚像に他ならない。よって、冒頭に記した「遠い過去、わが国の人々の大部分が農民であった」、「農家の人はすべて『百姓』と呼ばれた」という表現は正確ではなかった。

確かに、移動せずにその地に定住する庶民は圧倒的に多かったが、彼らは外部から移動してきた者に利益を奪われる恐怖を抱き、移動者に対して過剰に反応して厳しい対応を行い、時に両者間にはさまざまなトラブルが発生した。移動は必ずしも定住を最終目的にするわけでなかったから、移動と定住に単純な補完関係があるのではないということは踏まえておきたい。

＊

考古学研究によれば、人類の初歩的な農耕は一万年前に始まったとされる。大陸からわが国に稲作が伝来した当時、乾いた田に直に稲の種を播く「乾田直播《かんでんちょくはん》」の方式であった。

その後、鉄製農具が伝来普及して水田が可能になり、代掻きが出来るようになる。これにより苗を別に育ててから、それを田に植える現在の「田植え」の形態が誕生した。近年、大型トラクターを必要としない農業ロボットによる乾田直播法が見直されてきている。

また、「無洗米」もすでに市場で販売されている。洗う手間がなく、水の節約になるだけではなく、米のとぎ汁による水質汚染を減らすことが開発の目的とされる。多くのリンを含む米のとぎ汁を生活排水として下水に流せば現在の下水処理施設では、その半分のリンしか除去されず、残り半分は川や海に流れ込んでしまう。それが植物性プランクトンの異常発生を招き、赤潮やアオコ（青粉）を発生させる一因となる。ちなみに、米のとぎ汁を土に撒くことで問題は生じない。リンの一部を植物が吸収し、残りは土が浄化してくれるからである。

われわれの祖先は古の時代より、丸ごと自然に依存するのではなく、「田」や「畑（火田《かでん》）」「畠（白田《はくでん》）」のように、自然に手を加えて生きてきた。自然と対決しながら農作物を作り、数々の技術を生み、それを発展させてきた。この行いはまさに人類の存在基盤となり、文化の根源となり、人類の成立にとって欠くべからずのものであった。

農業を行うことは自然を客体視することであり、人類はそこから多くのことを学んだ。いかにして生産効率を上げるかという「科学」、自然の中に見出したものを美として表現する「芸術」、農に関わる態度、習慣、他者との関係などの「哲学」、予祝や豊穣の祈り、飢饉、災害などに関わる「信仰」や「宗教」など、今につながる諸々の文化は、「農」に関わる人々が太古から自然と対決して生きることの、その上に成り立ってきたのである。

（二〇一七年八月　書き下ろし）

浦島子と龍宮——身近なる異界

馴染みの深い「浦島伝説」の拠り所としては『万葉集』巻九の制作年代や作者不明の伝説の歌に堅魚《かつお》（松魚）と鯛が詠まれている。

浦島子《うらのしまこ》（浦嶋子とも）が春の墨吉《すみのえ》の岸で七日もの間釣りを続けていた。彼が海の境を越えてゆくと偶然、海若《わたつみ》の神の女《むすめ》に出会い、結婚の話をし、同意がなされたので常世の国の海神の御殿「龍宮」で年も取らず、死にもせずに長く暮らした。

海に出掛けたまま不帰の人となるという、いわば人々の畏怖した海難に遭う話、一種の神隠しである。しかし古代人の豊かな想像力は「海神の娘と結ばれ、妙なる宮殿で生活し、不老不死の世界に遊んできた話」に膨らませた。そして龍宮から戻った浦島子が土産にもらった玉手箱を開けると、たちまち老人となってしまう。

この墨吉の地は丹後国与謝郡の墨吉（澄江）、大阪住吉（住之江）など諸説ある。

浦島子が美しい女性に誘われ、海彼《かいひ》の別世界「常世の国」に暮らし、現世に戻ったのは平安時代の西暦八二五年のこと。出立から三百四十七年も経っている。

子らに恋ひ朝戸を開き吾が居れば常世の浜の浪の音聞ゆ　　浦島子（『丹後国風土記』逸文）

浦島子が海神の娘に送ったとされる歌である。『丹後国風土記』逸文におけるこの物語の舞台は丹後半島で、伊根町にある浦嶋神社（宇良神社）に筒川大明神として浦島子が祀られている。

本神社には十五世紀頃に成された『浦島明神縁起絵巻』が伝えられ、ここでの浦島子の行く先は龍宮城ではなく蓬萊山であった。これは浦島子に神仙の要素が強いということだ。この「玉篋《たまくしげ》」（玉手箱）は現在も浦嶋神社に保管され、文化財としての名は「亀甲紋櫛笥《きっこうもんくしげ》」（室町時代の作）と呼び、中には櫛や化粧道具が納められている。ところで、浦島子の呼び名が「浦島太郎」になるのはずっと後の『御伽草子』（一七〇〇年代）からで、亀の背に乗り龍宮城に行くというのは明治時代になってからの話である。

浦嶋神社の『浦島明神縁起絵巻』を繙いてみよう。

蓬萊から帰還した浦島子は「杉」の樹下に座っている。彼は近くの川で洗濯をしていた老婆から世の中がすっかり移り変わってしまったことを聞いて悲嘆に暮れる。

次の場面はすでに禁断の玉手箱を開けてしまったところで、浦島子はどういうわけか「杉」の木ではなく、「老松」の樹幹の空洞化した所にすっぽり入り込んでいる。朱塗りの箱から白煙が立ち昇り、見るも無残に老いさらばえた浦島子の姿である。

亡くなった浦島子はその松の祠に神として祀られる。小さな社が建てられて、この松の祠がそのままご神体となった。人と木が一体化して神として祀られた形式であり、木が神格化される過程の一端をここに見出せる。仏師は自然木の内部に神体や仏を見出し、それを探し出すように仏を彫り現わすというが、浦島子と木との一体化はまさに仏像現出作業の根源を表していよう。

また、樹下というものが他界に通じる場所であり、異界とつながる独特な異空間であることも示している。木に化《な》り果てた浦島子の話はあまり知られていない。

＊

僕たちは幼い頃から「龍宮」を海の彼方の海底にある理想郷として心に育み、憧憬や畏怖、郷愁などの交錯したイメージを持っていた。しかし本来、龍宮はパラダイスではなく、文字通り「龍の宮殿」であり、龍王の支配する海の帝国の牙城であった。

仏教における「龍」は「水神」とされる。龍は異類や禽獣などの畜生道を代表する存在であり、仏教によって救済された畜生の権化であった。仏の救いの対象となることにより、同時に仏教を庇護し、仏を守護する水神としての神格を得るに至った。繰り返すと、龍は仏教によって救済されるべき劣位の畜生の身とされることによって仏教の守護神への反転・再生がなされたというわけだ。

かくして、猛々しく凄まじい龍の力は仏への報恩や加護に転化され、しかも「水神」として世の水を統治するまでになる。まさに国家の領土を守る守護神、王権の象徴である。「龍」はまた、「蛇」と互換性があり、両者の一体化した「龍蛇」というイメージも一般化している（後述）。「龍」の持つ一つの特徴として、「如意宝珠」の存在がある。超越的な呪力を帯びたこの珠も王権の象徴だ。その争奪戦はしばしば物語化されるが、これは仏教界にとっての宝物である「経典」の収蔵につながってくる。龍宮はそうした物々の宝蔵であり、それらを守護する龍は当然怖れられる存在であり、深い海底に潜む龍宮は「異境」でなければならなかった。

平成二十五年四月、「右城暮石顕彰俳句大会」に参加した「運河」連衆は香川県大川郡志度町の古刹「補陀落山志度寺《しどじ》」を訪れたが、ここに龍宮に関わる縁起絵と物語を記した巻物『志度寺縁起』が残されている。志度寺と京や奈良、瀬戸内海、中国地方、龍宮、冥界などの異境を舞台に、霊験や奇蹟、蘇生をめぐる死と再生の物語が縦横に語られ絵画化された絵巻である。掻い摘んで記しておこう。

藤原鎌足（六一四―六六九）の娘が唐皇帝の后に選ばれて中国に渡る。父の追善供養にと帝から授けられた宝珠を日本に送り届ける際、船が嵐に遭遇、珠を龍に奪われてしまう。この部分に関して「龍宮の玉塔は三十丈、香華を供えて八龍や鰐の口をもった悪魚が守っていたんです」と教えてくれたのは「運河」編集部仲間の山内節子氏であった。

宝珠を取り戻そうと后の兄の藤原不比等は海女を妻にして龍宮まで取りに行かせる。海女は自分の命と引き替えに龍から珠を取り返し絶命する。不比等と海女の息子の房前は地底から母の声を耳にし、その場所に寺を建てる。それが志度寺である。この絵巻の龍宮の画面には「水晶の塔」が描かれている。

さて海女が取り戻した宝珠は、藤原氏の菩提寺である興福寺に届けられた。興福寺の猿沢池もまた龍宮に関わりが深いとされている。『興福寺流記』の「猿沢池龍池事」によれば、室生寺の龍穴にいる善《ぜん》達龍王《たつりゅうおう》は元々猿沢の池に棲んでいた。興福寺の僧康成が南大門の槻木の穴に入り、金堂の真下の宮殿で龍王と出会う。これにより興福寺は龍宮の上にあり、寺の「如意宝珠」と併せ、諸寺に優る寺院であることを知るに至ったという。

琉球に話を移せば、当時日本国ではなかった琉球王国の『琉球神道記』にも龍宮が登場する。

一六〇三年から三年間琉球に滞在した浄土教の学僧袋中《たいちゅう》が日本に戻って著したものである。ここには「琉球」の由来は「龍宮」であり、「那覇」は「阿那婆達多《あなばだつた》龍王《りゅうおう》」であると記されている。袋中は海洋世界としての琉球と龍宮との結びつきを強調し、琉球独特の神「君真物《キンマモン》」は龍蛇神であると述べている。ここにも龍宮のシンボル「水晶の塔」が描かれ、宝蔵としての龍宮のイメージが強い。

さらに『平治物語』には、合戦に敗れた源氏方の源義平《みなもとのよしひら》（悪源太《あくげんた》義平）が怨霊と化して雷神と化す話がある。悪源太を斬った難波《なんば》恒房《つねふさ》が邪気を払うため箕面滝に行き、滝壺から龍宮に入り、「水晶の塔に仏舎利を一粒入れたものをもらう」とある。あの箕面滝も龍宮に通じていたのである。ちなみにこの「水晶の塔」は実際の塔を模したミニチュアとされる。

『御伽草子』「俵藤太《たわらのとうた》」では、琵琶湖の龍神を助けた藤太が龍宮に招待されて梵鐘を贈られ、それが三井寺の鐘となった。俵藤太と龍宮の話は『太平記』や『蜻蛉日記』にも見られる。

その他『今昔物語集』では、讃岐の国の満濃池も「龍の栖」として描かれているし、『平家物語』では、壇ノ浦の合戦で平家が滅亡する時、平清盛の正室二位尼《にいのあま》（平時子《たいらのときこ》）が安徳帝を抱いて「波の底にも都がございますぞ」と叫んで千尋の底に沈んで入水する。これも龍宮を意味している。

琵琶湖の底もまた龍宮と関わりがある。水中から琵琶を弾ずる音が聞こえるという「琵琶淵」に関する伝説は琵琶湖のみならず全国各地に見られ、そのほとんどは琵琶法師たちが琵琶を弾じながら、わが身を犠牲にして龍神・水神を祀るという古伝に由来する。

古代神話と龍宮との結びつきも興味深い。

イザナギ・イザナミが国造りをする時、最初に産まれたヒルコ（蛭子・蛭児・水蛭子）が三歳になるまで足が立たないため、空舟《うつろぶね》に乗せて流したとある。この空舟は『古事記』では「葦船」、『日本書紀』では「天磐櫲樟船《あめのいわくすぶね》」と記されている。時代が移り、ヒルコは中世の書物に登場することになるが、驚くべきことにヒルコは「龍宮」に辿り着いていたのである。

龍王の庇護を受けて復活・再生したヒルコは「西宮の夷三郎」として地上に戻り、恵比寿神となる。流されたヒルコとエビスが習合して「海の神」「市の神」となった。ヒルコの庇護された龍宮はまさに再生の場と言える。度肝を抜かれるような再生という意味では、源義経がチンギスハンになった話、熊野の小栗判官復活の話などと感じが似ている。

熊野の浦々にも数多くの「蛭子神社」や「蛭子祠」が祀られている。熊野市の甫母《ほぼ》・須野《すの》・三木里《みきさと》・二木島《にぎしま》などの漁民は海の彼方から蛭子がやって来て豊漁をもたらすと信じている。「蛭子」は「蝦夷《えみし》」の転訛であるとする説や「海辺人」と書いて「えびす」と読ませる書物もある。また蛭子神は、江戸時代以降の学者によって事代主神《ことしろぬしのかみ》（大国主命の子）とされている。新宮市三輪崎の孔島《くしま》・鈴島のうちの鈴島にも蛭子神が祀られている。

まだまだ「龍宮」はある。

鳥獣戯画で有名な京の名刹「高山寺」を拠点として華厳宗を復活させたのは明恵上人であるが、その弟子たちによって制作されたのは『華厳宗祖師絵伝』である。ここにも「龍宮」が登場する。

妃の病を治すために勅使が龍王から経典を授かる場面、経典が濡れたり傷つかないようにと、勅使の足の脛を切り開いて脛に経典を隠す。龍王の想定外の計らいであったが、無事持ち帰った経典のパワーで妃は快癒する。この場面の「画中詞《がちゅうし》」（絵巻における登場人物の台詞）が面白い。龍王の無謀な命令に怖気づいた勅使が、「痛くは候ふまじきか（痛くないですか）」と問うと、龍王の側近が「人間にならひては御はばかりな候ひそ（ここは龍宮であり人間道とは違うのだから心配には及びません）」と諭すのである。このやりとりは龍宮という異界にリアリティを持たせ、読者に強く印象づけるものとして機能している。

その他、大乗仏教を中国に伝えた鳩摩羅什《くまらじゅう》（クマーラ・ジーバ）が『龍樹菩薩伝』の中で「海の中の宮殿」について記している。

＊

はるかな東方海上に比定されてきた「ニライカナイ」（奄美沖縄地方で海の彼方にあると信じられる楽土）や「常世の国」に対し、「龍宮」は海底に存在するイメージが強い。しかしその在処は必ずしも海底と限らず、先の「龍宮淵」のように淵の底にその存在を意識する場合もあれば、先述の通り池や湖底、滝壺の底、寺院の下という場合もある。

さらに熊野市金山《かなやま》町を流れる宮川の、その直角に折れ曲った淵の隅には「龍穴」がある。ここに長い棒を突き刺すとどこまでも入って行き、そうすることでやがて雷雨がもたらされる。この穴に龍神が棲んでいると伝えられている。この地はかつての飢饉の際の水乞場であった。直角に曲がった淵であるから地元の者は「差金浥《さしがねゆう》」と呼んでいる。

また龍宮には「龍宮童子・龍宮小槌・龍宮子犬・龍宮女房」などの説話がある。いずれも門松や花を海神に捧げることによって童子や娘、呪物、動物などが与えられ、「反対給付」としてどんな望みでも叶えてもらえるという話だが、こうした豊饒の源泉としての龍宮の側面も付記しておく。

本稿では「浦島子」の話から始まり、浦島子が老松と一体となったこと、次いで、「龍神」「龍宮」について記された書物・絵巻の一部を紹介した。「龍宮」は、常世・根の国・冥土などの概念同様、日本全国、仏教世界の至る所で、時空を越え、身近で普遍的な「異界」として長く伝承されてきたのである。


（「運河」二〇一四年十月号）

蓬　莱――その深淵について

中国三神山の一つである蓬莱山は渤海《ぼっかい》の東海上にあり、仙人が住む不老不死の地、神仙境とされる。この伝説により蓬莱山の形に作った新年の床飾り（祝饌）を「蓬莱」と呼ぶ。主に関西の習俗であり、江戸の「喰積《くいつみ》」に相当する。

蓬萊の栄螺を取りて食せといふ　　茨木　和生
蓬萊の楪ことに目出度けれ　　右城　暮石

その構成は三方《さんぼう》（三方台）、または供饗《くぎょう》（四方台）の上に紙・歯朶・昆布・楪《ゆずりは》を敷き、その上に米・餅・橙・蜜柑・柚子・橘・乾柿・榧《かや》・搗栗《かちぐり》・野老《ところ》・穂俵・熨斗鮑・海老・栄螺・梅干・鱓《ごまめ》（古女・田作《たつくり》）・数の子・馬尾藻《ほんだわら》などの縁起物を盛って飾る。いずれも堅固にして不変の物とされる代物である。家族や賀客がこの台から食品を取って頂くのが本来の礼法で、かつてはそのまま食したが、漸次形式化して儀礼の床飾となった。こうした「蓬萊」に対し、個々を実用的に調理して重箱に収めたものが「御節《おせち》」である。

これらの食材は家風や地方により種々の縁起物が選ばれ一定しないが、中心をなすものは「米」「昆」「果」である。

米は野の物、昆は水産物、果は山の物の代表であり、いわゆる野の幸・海の幸・山の幸を取り揃え、年頭の始饗として試食するわけだ。これは世に言う「偏食」の戒めとされていることはあまり知られていない。

またこれらはそれぞれの縁語に結びつけた付会《ふかい》によって選び抜かれた物である。昆布を養老昆布と称して「よろこぶ」に通わせ、搗栗《かちぐり》を勝利に、田作《たつくり》を豊作に、数の子を子孫繁栄に……などである。多くは貯蔵可能な食品であり、山間僻遠にも分布し、概して廉価である。しかもどこの家庭でも備えられ、貧富上下の差なく国を挙げて同時同様の賀饌を設けることができる。

江戸末期の文献においても次のように説かれた。

近頃世の昌平に伴ひ人々奢りに傾いて、常の膳部にも贅を並べ、珍奇の料理を求める中に、松の内ばかりはいかなる分限、不如意を知らぬ長者といへども、年々の佳例を重んじて昔のまゝの食味を調じ、絶えて庖丁の華美を用ひない、これは不易の相《すがた》を伝へるものである。

とは言え、幸福の縁語としての付会はむろん迷信であるし、食材自体は栄養学的に不消化物が多いのが実際である。

＊

さて、冒頭の中国三神山とは蓬萊・方丈・瀛州《えいしゅう》である。これらの神山は凡人が近づくと忽ち風が吹いて消えて無くなり、遠く望めば雲のごとくあって、近く至れば水の下、遂に極めた者はいないとされる。つまり山東海岸に折々現われる蜃気楼であろうという考えもある。

方士《ほうし》・徐福はこの仙山にたびたび来往し得るとのふれ込みにより秦の始皇帝に見出され、その命を受け、東海の三神山に不死の仙薬を求めることとなった。

方士とは神仙の術（方術）を行う一種の「儒医」である。徐福一行は童男童女数千人と金銀・珠玉・五穀・器財を満載した数十隻の大船を造って航海した。大がかりな移民であったと考えられている。上陸地は「紀伊国熊野浦」と伝えられ（『和漢合運』）、時は孝霊天皇の七二年（紀元前二一九）のことである。

熊野では和歌山県新宮市、三重県熊野市波田須《はだす》町に徐福を祀った祠がある。新宮の熊野川河口付近にはその麓に阿須賀神社を擁する「蓬萊山」が鎮座し、近くに「徐福」、「蓬萊」の町名が現存する。筆者も「蓬萊小学校」の出身で、通学路にある「徐福の墓」は隠れ鬼や草野球をする恰好の遊び場だった。熊野市波田須町の「徐福の宮」近辺では古代中国の貨幣や土器が出土し、その地名も「波田須＝秦住」から中国の「秦氏」に由来するとされる。徐福渡来の地が現在の新宮市であったか、熊野市波田須であったか、あるいは全国に伝えられる他の地域であったかは明らかではない。

熊野市華城山《はなじろやま》の麓の岩盤には江戸時代後期に橘 南谿《たちばななんけい》（一七五三―一八〇五）が波田須の徐福の宮を訪れた際、石工に彫らせた次の漢詩が「文字岩」として残されている。「梅華仙史」は橘南谿の別号。

驚去徐仙子
深入前秦雲
借問超逸趣
千古誰君似
梅華仙史　題

読みは「驚き去る徐仙子《じよせんし》／深く入る前秦《ぜんしん》の雲／借問《しやくもん》す超逸の趣／千古誰か君に似たる」。大意は「徐福のことを聞いて私は大きな驚きと感動でこの地を去ろうとしている／空にかかる雲は遠く昔の秦の国にもつながっているようだ／徐福と話ができるならロマンに満ちた冒険話を聞いてみたい／遠い昔から徐福ほど夢のある人生を送った人がいただろうか」というもの。

徐福一行は帰国せずに留まった。

土地を開拓し、伴ってきた幼少年を育成するとともに、現地の民衆にさまざまな技術を伝授した。稲作、捕鯨、煙草栽培、紙漉、薬草、焼き物、機織り、土木、造船、架橋、建築などである。『紀伊熊野市の民俗』（昭和五十七年）にはこう記されている。

昔、徐福という人が秦の始皇帝から不老長寿の薬を捜してくるよう命令を受けて何十艘もの船が出港して行ったが、途中で大風に遭い散々になってしまった。そのうち徐福の船だけが矢賀に流れ着いた

（筆者註：波田須には今も矢賀姓が多い）。そのころ波田須には家が三軒しかなく、同所に居住していた与八・文吉・三郎兵衛の三人の者が駆けつけた。しかし乗組員は異国人で言葉が通じない。けれども直ちに近くに仮屋を建て、三人は交代で世話をした。徐福は同所から二町あまり隔てた所で焼き物を始め、三人に焼き物を教えるようになり、この地を釜所・釜屋敷と呼ぶようになった（筆者註：釜屋敷跡は今に残る）。

不老不死の霊薬を「東海の三神山」から持ち帰るよう命じた始皇帝であったが、徐福からの便りが梨の礫で一杯食わされたと知って激怒、「焚書坑儒《ふんしょこうじゅ》」（紀元前二一三、貴重な書物を焼き払い、儒者数百人を坑《あな》に埋めて殺した）を断行した。

始皇帝はその十年後に五十一歳で亡くなる。この霊薬はクスノキ科の天台烏薬《てんだいうやく》とされるが、一説にはやがてわが国の正月の縁起物と結びつくことになった「鮑と海鼠」であったともされる。また東海の三神山を本宮・新宮・那智の「熊野三山」とする考え方もある。

（「運河」二〇一五年一月号）

V 土俗的見地から

巨樹――他界と現世をつなぐもの

筆者にとって最も親しみ深い巨樹と言えば、「引作《ひきつくり》の大楠」である。引作は三重県南牟婁郡御浜町にある在所の名で、亡父の生家の隣村である。引作神社の御神木である大楠の幹周りは約一六メートル。紀伊半島にある楠では最大とされる。推定樹齢千五百年。三重県の天然記念物・新日本名木百選に選定されている。

明治四十四年、各地の神社を統廃合する「神社合祀政策」により付近の杉大樹とともに引作大楠も伐採されることになった。それを知った博物学者で民俗学者でもあった南方熊楠（一八六七―一九四一）は当時内務官僚であった柳田國男（一八七五―一九六二）に至急便の手紙を出し、伐採中止を要請した。柳田は直ちに三重県知事に書簡を出し、危ういところでこの大楠は伐採を免れた。

熊楠に『巨樹の翁の話』（一九二二）という論考がある。巨樹伝承をめぐる国内外の文献を渉猟し、自らの見聞も取り合わせて記した高著である。熊野で地元の人から聞いた巨樹の話、仏典・漢籍、アジア、オセアニア、欧米など世界中の奇談や不思議な逸話を集めて論じている。熊楠は巨樹に対する畏敬と哀惜の念に並々ならぬものがあった。

さらに御浜町神木《こうのぎ》の在所には、県内最大の犬槙の巨木がある。鹿児島県鹿屋市の犬槙に次いで全国第二位の巨木だ。県天然記念物。かつてここに社があったが、明治時代に別の場所に移され、この巨樹だけが残された。「狩掛けの神」を祀っていたと伝えられている。

最近出遭った巨樹と言えば、平成二十七年四月「右城暮石顕彰全国俳句大会」の前日に訪れた香川県善通寺市善通寺の大楠だ。樹齢千数百年というから引作の大楠とほぼ同じ年代ということになる。解説板には「この老楠は弘法大師御誕生の時より繁茂していた」とあり、かの空海も子供の頃にこの木に登って遊んだのかも知れない。

屋久島の縄文杉の推定樹齢はこれらの二倍の三千年というから驚きだ。この縄文杉へゆく道の途中に、大正三年（一九一四）にアメリカの植物学者ウィルソンが発見した「ウィルソン株」というさらに巨大な杉株がある。豊臣秀吉が大坂城築城（または京都の方広寺大仏殿造営）のためこれを伐採したのだそうだ。伐採前は縄文杉をはるかに凌ぐ大きさで、現地では「神代杉」と呼ばれていた。屋久島は人の侵入を拒むがごとく森は深く、谷は険しく、いまだ発見されていない大樹があるに違いない。

＊

人々が巨樹に対して抱く思いは共通していよう。

きびしい風雪に耐え、気の遠くなるような長い年月を生き抜いてきた圧倒的な存在感、生命力、歴史の生き証人としての神々しき風格である。大きな木蔭を作り、人・動植物などさまざまな生き物を育み、無尽の恩恵をもたらす巨樹。それは神の化身と言ってもよい。ゆえに巨樹に樹霊が宿り、樹下や樹上が異界とつながる独特な空間であると考えられてきたのも不思議ではない。

巨樹に関わる説話は『今昔物語集』全巻の最終話（巻三十一）にも登場する。その昔、近江国にその影が丹波や伊勢までも覆い、幹回り七百尋（一二六〇メートル）に及ぶ柞《ははそ》の巨樹があった。ある時天皇は民の悲痛な訴えを受けてこの巨樹を伐り倒す。これにより大地に日が降り注ぎ、豊穣がもたらされたという物語だ。

天皇の治世を言祝ぐ内容とされるが、この話の語り手の視線は巨樹を代償にして得た豊穣に対してではなく、失われた巨樹に向けて注がれている。未開の自然と当時の開墾による国土開発……。語り手の心の鬩《せめ》ぎ合いに思いを致す。

『今昔物語集』巻二十七第十五話は、懐妊した京の宮仕えの女（産女《うぶめ》）が切羽詰って山中の樹下でのお産を決意する物語。実際は樹下でなく、南山科のとある山家の中でそこに棲んでいた老婆の世話により出産するのだが、出産後三日ほどしてからのこと、老婆が赤子を見て「あな、うまげ、ただ一口」と呟く。「ああ、おいしそう、一口で食べてしまいたい」と解した産女は老婆を鬼と思い、京へ逃げ帰る。「あな、うまげ」は「かわいくて食べてしまいたいくらい」といった愛情表現だったのかも知れない。こうした山姥の両義的な性格を、身寄りのない哀れな女の出産と関連付けて語られている。

「樹下」という言葉からは、正倉院の鳥毛立女屛風《とりげりゆうじよのびようぶ》の「樹下美人図」などが想起されるが、「樹下」と言えばやはり釈迦であろう。釈迦の母・摩耶《マーヤー》はルンビニ園の無憂樹《むゆうじゆ》の樹下で脇の下から釈迦を産み、その釈迦はブッダガヤーの菩提樹の樹下で悟りを開き、涅槃に入るのは沙羅双樹の樹下であった。すべてが樹下なのである。

さて、先の産女である。

樹下での出産を決意した女にとって「樹下」とは何を意味したのだろう。確かなことは、どこにも行き場のない彼女にとって、その拠り所は樹下であり、少なくともそこが出産可能な場と認識されたということである。

山中は死者の棲む他界とされた時代、彼女は自ら死者の国の、しかも異界とつながる樹下でわが子を産もうと決意した。たとえ山中が他界であったとしても、樹下なるものが生と死を司る場であり、現世との回路のつながる場と直感したのである。

（「運河」二〇一五年九月号）

石の心——スピノザと尾崎一雄

三重県熊野市から紀宝町にかけて熊野灘に面した浜を「七里御浜」という。日本の渚百選、日本の白砂青松百選、二十一世紀に残したい日本の自然百選の一つとなっている。

特徴的な浜石は「御《み》浜《はま》小《こ》石《いし》」と呼ばれている。これらの石は、太古より延々と時をかけて十津川・北山川を流れ下り、「宮井」で合流して熊野川と名を変えた大河の、その河口から沿岸流の運搬・堆積作用によって東紀州沿岸一帯に広がったものだ。

少年の頃の筆者はその一つを手にし、かつてこの石に触れた人は誰もいなかった（かも知れない）ことや、石同士を打合せて割り、闇の一塊であった石の内部を世の光に晒す悦びを感じたり、その割面を目の当たりにし、そこを指で撫でるのは（確実に）自分だけであることを誇らしく思ったりしてきた。石の内部に閉じ込められ、記憶されている川底の音、波の音、時代の声に耳を傾けたりすることは少年の頃の筆者を妙に昂らせた。そして掌に載せた浜石に語りかける。

君は決して褒められたものではないが、特段おかしな石でもない。形はやや歪（いびつ）な扁平、一部尖っているが荒々しくもない。少し縞目が入っているところが素敵だ。重さとて重たからず軽からず。表面を爪で傷つければ白い筋が付く。塩を纏っているからかな。君はおそらく地下のマグマが冷え固まってできた花崗斑岩の欠片だね。僕は今、君たちを強く打ち当てて割ってあげよう。期待はしていないけれど、やはりその断面に古生代の化石は見当たらなかったね。さあ今から、二つに割れた君を再び海に抛り投げよう。そしていつか砂粒となっておくれ。

＊

日本中の至る所に多くの石をめぐる伝説や説話がある。彷徨《さまよ》える石、物をねだる石、子授けの石、子育ての石、撫で石、抱き石、失恋を癒す石、生まれ変われる石、血を吸う石、化粧する石、泣き石などである。

年たけてまた越ゆべしと思ひきや命なりけりさ夜の中山　西　行

夜泣き石と言えば、静岡県の掛川と金谷の間に「佐夜《さよ》の中山」という峠道がある。西行がこの峠を越えてふたたび道の果《はたて》とされる東《あずま》の国に踏み込むにあたり、旅路の恙ないことを念じて掲歌を詠んだ。ここに「佐夜の中山夜泣石」と称される直径六十センチほどの丸石がある。謂れは次の通り。

小夜姫《さよひめ》という妊娠中の女がこの山中で賊に殺された。無事に産まれた赤子がこの石の上で夜泣きをしていた。人々は不憫に思い、水飴を舐めさせて育てる。長じたその子は母を殺めた賊を殺して仇を報いた。

十七世紀のオランダのアムステルダムに話は飛ぶが、この地にスピノザという卓越した哲学者がいた。彼はイベリア半島から亡命してきた「マラノス」と呼ばれるユダヤ人の家に生まれる。マラノスとはキリスト教徒を振る舞いながら、密かにユダヤ教を守り続ける者たち。しかしやがてスピノザはユダヤ教団を破門、同胞からも追放される。

独身で質素な間借り生活をしながら、天体望遠鏡の精巧なレンズを磨き、干葡萄やオートミールばかりを食べ、こうしたスピノザの変人ぶりはもはや伝説になっている。胸を患い、知人に送ってもらった薔薇の砂糖漬けで養生していたそんなある日、朝作ってもらったスープを美味しそうに飲んでいたと思ったら、午後には何もなかったかのように死んでいた。

そのスピノザに『エチカ』という哲学書がある。正確には『幾何学的秩序で証明された倫理学』というらしいが、彼の物の見方は「地球人離れ」していた。

例えば、少年の筆者は七里御浜で拾った石を海へ擲ったが、そういった石礫の状況をスピノザはこう分析する。

「石は自己を突き動かす外部の原因から一定の運動量を受け取り、その衝撃が止んでから後も必然的に運動を継続する」

ここまでは物理学的には頷ける。

彼はさらにこう語る。

「この石は運動しながら思考するものと想像して下さい。そしてできるだけ運動を継続しようと努めていることを石自らが意識し、自分は完全に自由であり、自分が運動に固執しているのはただ自分がそうしようと思うからだと考えて下さい」と。

要するに彼は、自然や物質に思考がないとする方がよほど不自然なことであり、先ほど投げた石が自らを意識したなら、自分は飛んでいると思考するだろうというのである。

そしてまた、尾崎一雄の「石」という短篇小説には「死に石」と「生き石」についての記述がある。墓石を彫る石屋の言葉。

山から掘り出して間の無い石は生きてゐる。さういふのには、ネバリがあるから、彫り易い。山から出て日の経つた石は死んでゐる。脆くてカケ易いから、仕事に骨が折れる。生き石、死に石といつて、われわれにとつては大事なことだ。

となれば、「御浜小石」は全て石の死骸ということになる。熊野灘の大波小波によって終日砂利が発する声を聞いている筆者には納得し難い話だ。この石屋さんに「死に石」と断定されたわが御浜小石たちよ、君たちの思考とは如何なるものか、筆者にそっと教えておくれ。

春の石割りて化石を探しけり　本郷をさむ
花果ての石に石積む祈りかな　岩淵喜代子
永日の石ひとつあり坐りけり　藤本美和子

（「運河」二〇一四年七月号）

地名――その特異性について

ごく最近まで熊野市郊外に「オビキ谷」という地名があった。狭く長い谷合のこの地では、乏しい日差しながら今も稲作が行われ、谷底には用水路に改修された小川が流れている。

近年道路が整備されて交通が便利になり、近隣に廃家が増え、ここを運行する市営バスは廃止された。これにより「オビキ谷」と書かれたバス停は撤去され、今やこの地名の表示はどこにも無い。

筆者は谷底へ導き入れるような「オビキ谷」の名が好きだったが、郷土誌を見ると、地名の由来は「この谷に大きなヒキガエルが沢山棲んでいて、住民が夜も眠られぬほどうるさかったため、大蟇谷《おびきだに》という」ということであった。「誘き谷」ではなかったのである。

*

地名は歴史地名、人文地名、自然地名の三つに分類される。

歴史地名には神話性、根源性がある。新宮を例に挙げれば、「磐盾町」「神倉町」「蓬萊町」など。また「八咫鴉通り」というのもあった。

人文地名には生活感の中の親しさがある。

自然地名にはそこに住んだ人々の生活のあり方、親しみと畏怖がある。その代表格はやはり「富士」だろう。東京には「富士見」と名の付く土地や坂などが十ヶ所以上存在する。かつてそこから霊峰富士を望むことができたはずだが、現在は高層ビルなどに遮られ、実際に地上から見える所はたった一ヶ所しかないらしい。

都市開発、宅地造成などにより、ある日突然、由緒ある地名が「光ヶ丘」、「希望ヶ丘」、「若葉台」、「青葉台」「紅葉ヶ丘」など、歴史的にも地理的にもあまり意味のないものに変わってゆく。

新宮市ですら「新宮四八二番」などと番号で表示される地域が増え、地元の者でもそこがどの辺りなのかさっぱり見当がつかない。むろん住人には何の責任もなく、問題は行政による地名改変、相継ぐ市町村合併にある。

大字小字の名や由来に造詣の深い茨木和生主宰もこのことを嘆いておられた。行政的な「住居表示に関する法律」に基づいてのことだろうが、住民がよほど大きく声を挙げなければ、この反文化的な施策は収まりそうもない。

近年、建設省（現国土交通省）によって「熊野川」が「新宮川」に改名され、「それはけしからん、昔からの名前が失われたら土地の歴史や民俗も失われてしまう」と住民が立ち上がり、郷土史家や学者を巻き込み、大きな議論となった。これにより平成十年「熊野川」の名称が復活したが、水系名は「新宮川水系」として残されたままである。

先述の「富士見」という地名にしても、富士山が見えなくなったからと言って安易にその地名を消してしまう愚だけは避けてほしい。それが土地の歴史に対する礼節というものだろう。開発や都会化、効率化の論理によって侵食され収奪されてゆく地域の記憶……。何とかならないものか。

＊

自然地名の中でも「川」や「水」に関するものは、かつて近くに川や池、沼や水源があったからで、それは取りも直さず土地が低く地盤が弱いことを示唆するものである。地図上でこれらを辿ってゆけば今後の災害対策に役立つことは言うまでもない。

平成二十五年四月、新宮市で「地名は警告する――奥熊野の地形・地質と災害地名」という講演があった。講師は熊野地名研究会の田中弘倫会長。地名に潜む災害の歴史についての話である。氏は次の三つの地名を例に挙げた。

◆九重《くじゅう》…熊野川町の地名。「運河」の西嶋潮香さん（故人）が長年教師として勤務したのはこの地の九重小学校だ。九重は「クエ」と読み、「崩え」から来ている。ここは地形的にも山の片側の傾斜が緩やかで、かつて土砂崩れがあったことを窺わせる。

◆檜杖《ひづえ》…新宮市の地名。市街を外れ、熊野川に沿って一六八号線を少し遡った所。「ヒ」は皹で、あかぎれ、ひび、割け目を表す。「ツエ」は潰える、崩れる。

◆篠直野《じょうろくの》…那智川沿いにある地名。元は「ジャラクノ」。「ジャ」は蛇で、土石流などを意味する「蛇抜け」から。「ラク」は落。

ここに挙げた三ヶ所は平成二十三年の紀伊半島大水害で実際に大きな被害を受けた。これ以外でも、熊野川町日足《ひたり》も大きな被害を受けたが、「浸り」が「日足」へと好字変換された地名であることは一目瞭然である。

一般的には「災害地名」として次のような言葉がある。

「カキ」…欠く。
「マキ」…巻く。
「クリ」…刳る。
「ハネ」…赤土、赤黄色の粘土。
「シシ」…宍、鹿、猪、獅子（地質や崩壊を示唆）。
「ウシ」…牛（不安定な土地、地滑り地、洪水氾濫地）。
「ウメ」…埋める。
「タケ」…崖、崖崩れ。
「ハヤシ」…水流が速い

これらは先人が名付けた「災害を予告する地名」と言えるが、字体を変えたり、「日足」のように好字変換されているケースも多々あるので、その点は留意しておきたい。

我々はまず、地名に無関心な世間の風潮を打破し、無難な「上っ面地名」への思い込みを改めねばならない。その上で地域の災害の歴史や地質、地名の特異性などを知り、周辺地域との関連性も併せ、かつ災害の問題とも絡めながら、この問題について考えてゆくべきであろう。

（「運河」二〇一三年七月号）

鰹――戻り鰹の潮色

目には青葉鰹今年は捕れざると　檜尾とき魚

紀州沖における鰹漁のシーズンは春と秋の二回に分けられるが、平成二十六年前半の春のケンケン漁は歴史的な不漁であった。掲句は「目には青葉山郭公初鰹　山口素堂」の上句を引用し、漁師の嘆きを伝聞として詠んだ作品。

その年の和歌山県内主要三漁港（田辺・すさみ・串本）における鰹の水揚げ量は次の通りである。三月、四月は極めて少なく、五月は例年の半分、三〜五月の三ヶ月間では過去十年平均の十五％、過去三十三年平均の九％と最低を記録。この現象は紀州のみならず、九州から関東に至る黒潮領域でも同様であった。

これを受け、平成二十六年八月二十九日、串本町にある県水産試験場で「今年のカツオ大不漁について考える」という学習会があった。研究者たちは「熱帯域（中西部太平洋）での漁獲増加による来遊漁の減少」が主な原因であると分析した。海水の低水温化や鰹の餌となる小魚（主に片口鰯と鯵）の減少を原因とするこれまでの仮説に対しては否定的であった。つまりこういうことだ。

フィリピン、インドネシアなどの熱帯域では集魚装置を沈めて鰹漁を行っており、成魚のみならず未成魚ごと根こそぎ獲ってしまう。この漁法が資源減少につながっていると考えられるというのである。

日本側にも問題がある。わが国の大手鰹出汁《だし》企業はその原料として、十センチメートル未満の超小型の鰹を熱帯域の漁業者から仕入れているというのだ。本学習会では、今後わが国は世界に対し鰹の漁獲規制を訴え、国内出汁企業の小型鰹原料利用の見直しを進めてゆくべきとの見解を示した。

＊

わが国における鰹との付き合いは古く、縄文時代にはすでに鰹が食されていた形跡がある。大和朝廷は鰹の干物（堅魚）を神饌の一つとしてその献納を民衆に課し、飛鳥時代の『大宝律令』や『養老律令』の「海産物調賦令」にも「堅魚」、「煮堅魚」、「堅魚煎汁《かつおのいろり》」賦課の記述がある。

七彩に銀の鰹が輝けり　山口 誓子

茨木和生・宇多喜代子・大石悦子三氏の共著『旬の歳時記』（朝日新書、二〇〇九）では、茨木主宰がこの句を挙げ、次の解説を施している。

鰹が黒潮に乗って沖にやってくると胸が高鳴ると紀州の漁師たちは言います。熊野灘沖では三月終わり頃から五月半ば頃までが鰹の旬です。星をいただく夜明け前から、六十キロほどの沖に出ていたケンケン漁の小型の鰹船が、朧《せり》の時間に合わせて漁港に戻ってきます。ケンケンとは、紀州の漁師がハワイのカナカ族に学んだ漁法の一つ。船の艫から潜航板を付け、疑似針を仕掛けた二本の竿を出して、沖をかけながら鰹を釣り上げてゆくのです。

主宰の文章を読んで思い出すのは『日本書紀』に見られる次の記述である。現代語訳で示す。

景行天皇が舟で紀州沖を通ると、たくさんの魚がついて来た。そこで家来が両端を角《つの》で飾った弓「角《つの》弭《はず》の弓」で海面を掻き回すと魚が掛かって来る。それが鰹であった。

この「両端を角で飾った弓」とはまさに茨木主宰の記した「疑似針を仕掛けた二本の竿」であり、現在も鰹釣りの疑似針にこれを用いる。漁師たちはこの疑似針を「つの」と呼んでいる。

鮪の群れに混じって回遊する初鰹が紀州沖で獲れ始めるのは山桜の咲き始める三月である。これを「種鰹《たねがつお》」と称して重宝する。種鰹の数は少なく、時に重さ十キロを超す大物が混じっていたりもする。桜も終わって山々が青葉で覆われる頃、鰹の主力部隊はすでに関東沖に達している。

＊

歳時記では「初鰹」は初夏、「鰹」「鰹船」「鰹釣り」は夏、「戻り鰹」「秋鰹」は秋に分類されている。

鰹は黒潮の流域内で水温二十度位の深海の上層を群遊し、春先から九州薩南・四国・紀州沖にやってくる。この時期にはまだ脂が乗らないので鰹節には適しているが、生食には不十分である。初夏になると遠州灘を越えて相模灘に入り、伊豆半島を回り、この頃にようやく脂が乗り始める。やがて鎌倉辺りまで北上し、夏の間は近海を周遊し、東北・北海道にまで到る。そして秋になると再び南下し始める。

このように半年をかけて日本の沿岸を回遊するため、自ずと地方特有の味の捉え方や食べ方の違いが生じる。九州・四国では脂の少ない鰹を好んで春先を旬とし、関東では四、五月頃の脂のやや乗り始めた頃を旬とする。最も脂の乗った鰹は東北地方の人々が堪能することになるが、この時期肉そのものは痩せている。

ここまで述べたことはすでに寛政十一年（一七九九）の『日本山海名産図会』に委曲が尽くされている。

> 土佐阿波紀州伊予駿河伊豆相模安房上総陸奥薩摩此外《このほか》 諸州に採るなり。四五月のころは陽に向ひて東南の海に群集《くんじゆ》して浮泳す。故に相模土佐紀州にあり。殊に鎌倉熊野に多く、就中土佐薩摩を名産として味厚く肉肥《にくこへ》、乾魚《かつを》の上品とす。生食しては美癖《むますぎる》なり。阿波伊勢これに亜《つぐ》。駿河伊豆相模武蔵は味浅く肉脆く生食は上とし乾魚にして味薄し。安房上総奥州は是に亜《つぐ》。

江戸時代後期において鰹は、南は薩摩、北は奥州各地で獲れ、しかも「生食しては美癖《むますぎる》なり」と表現されるほど賞味されていたことが分かる。

鰹が何を食べているかと言えば、実は鰹は雑食で何でも食べる。日本近海で食べるのは沖醤蝦《おきあみ》、蟹、烏賊、蛸など、熊野灘近辺にやって来ると片口鰯、鯵、飛魚、烏賊などである。大型の魚食魚として海中における食物連鎖の上位に位置する魚ということになる。死んだものには餌付かない。

さて、春から餌を追って北上を続ける鰹であるが、秋の月見が終わる頃からは冷たい「親潮」（ベーリング海から南下し、三陸・房総沖まで流れる寒流）に追われ南下し始める。脂を身に蓄えて丸々と太った「戻り鰹」である。

戻り鰹は三陸辺りまでは沿岸近くを通り、そこから先は海岸線からどんどん離れながら南下する。かの三・一一（平成二十三年）から復興を遂げつつある気仙沼を中心とする三陸各地の漁港はもとより、銚子、焼津、熊野、和歌山県すさみ町、高知などの漁港からも数多くの鰹船が遠洋へと繰り出す。

一般に、初鰹には「さっぱりとした切れのよい味」、戻り鰹には「まったりと脂の乗った味わいの深さ」というそれぞれの旨さがあるとされるが、もう一つ、あまり知られていない幻の鰹がある。「根付き鰹」「瀬付き鰹」である。

鰹の群れが春から夏にかけて黒潮に乗って北上する途中、相模湾などの湾内に入り込み、群れから離れたままそこに棲みついた鰹である。湾内にある岩礁や暗礁には良質の餌が豊富にあり、「根付き鰹」はこの付近を滞泳する。そして水温が下がり、餌が欠乏するとその場所を離れてゆく。根付き鰹は一般の人の口に入ることはまずない。近くの湾内で獲れた新鮮なものであるため、戻り鰹以上に旨いとの評判だ。

鰹は群れをなして回遊するが、鰹の大敵の一つはカジキである。カジキは鰹の群れにとび込んでノコギリ状の上顎を振り回し、これによって一度に十数尾の鰹が倒され、付近の海が血に染まる。そこで鰹は自らに害をなさない鯨、鮫、流木などに付き従って回遊する。それぞれの群れを「鯨付き」、「鮫付き」、「木付き」と呼ぶ。ちなみに「鮫付き」の鮫とはジンベイザメである。ジンベイザメは他の鮫のように魚を食べず、性質が非常に大人しいとされる。

＊

江戸っ子の心意気としてよく言われることに、「どれほど高価でも初鰹を食べぬは男の恥」、「女房や子供を質に入れてでも初鰹を買い求める」（川柳「女房を質に入れても初鰹」より）、「初もの食いは寿命を七十五日延ばす」などがある。上方における「明石の鯛」同様、江戸ではとりわけ初鰹が珍重され、初鰹鑽仰の意識は強かった。江戸は海運都市であり、将軍のお膝元であったためだ。

鎌倉を生《いき》て出《いで》けむ初鰹　芭蕉

初鰹とは、要塞都市・鎌倉を生きて出られた人のように活き活きしているものだと、その活きのよさを称えた句である。江戸に住むがゆえにこうした新鮮な初鰹の恩恵に与《あずか》ることができることを芭蕉は喜んでいる。

踏まえておくべきは、東京湾の中では今も昔も鰹は回遊しないということ、これにより当時の江戸に入ってくる初鰹はほとんどが沼津や鎌倉沖で獲れたものである。鮮度の落ちやすい鰹を江戸で刺身として食べるために、海路・陸路（早船・早馬）によって朝市に間に合うように運ぶのは大変なことであった。この早船を詠んだ川柳に、

初鰹むかでのやうな舟にのり

がある。ユニークな光景であるが、これは鰹を早く運ぶために左右両舷に並ぶ数多の艪を人々が必死で漕ぐ様子を詠んでいる。

伊豆半島は火山地帯で海底に断層があり、黒潮の流域が陸に接近している。これにより鰹の群れが岸近くまで来遊するため、鎌倉沖は時間的にも空間的にも最新鮮味を獲ることのできる条件が揃っていたのである。

さらに芭蕉は、初鰹に対する江戸っ子の狂態ぶりを次のように記している。

初字に一朝を争い、夜家に百金を軽んじて、まだ寝ぬ人の橋の上に、たたづみあかすままに、一片の風帆をのぞんで早走りを待ち公門に入る時、鬼の首取る心地しけり。

其角にもこんな句がある。

俎板に小判一枚初がつを　其角

江戸の町で初鰹というものは小判一枚を俎板に載せるようなものだと詠んでいる。二百六十年もの長きにわたる江戸時代であるからこの間、貨幣価値は随分変動した。「十両盗めば首が飛ぶ」と言われたこともあるが、この句の時代の「小判一枚」は今の十万円くらいに相当するようだ。「初鰹一両までは買ふつもり」、「初かつを袷を殺す毒魚かな」という川柳もある。後者は、たとえ一張羅の袷を質に入れても初鰹を口にしなければ江戸っ子の名折れだと詠んだもの。

目には青葉山郭公《ほととぎす》初鰹　素堂

冒頭に触れたこの句は江戸中期の俳人素堂が鎌倉で一座を持った際の挨拶句である。「かまくらにて」の詞書がある。「鎌倉にはこんな三楽があるぞ」という鎌倉称賛の句。海の無い甲斐の国に育ち、京都の北村季吟の門に学んだ山の人・素堂にとって鎌倉の初鰹は新鮮で、ことさら旨く感じたに違いない。

聞いたかと問へば食つたかと答へる

という川柳は、先の「目には青葉」の句を踏まえ、「初鳴き聞いたか?」ならぬ「鰹の初もの食うたか?」と問う洒脱な作だ。

時代を遡り、鎌倉末期の歌人・兼好法師の『徒然草』（第百十九段）の記述を見てみよう。

鎌倉の海に鰹と云魚《いふうを》は、かの境《さか》ひにはさうなきものにて、この比《ごろ》もてなすものなり。それも鎌倉の年寄の申侍《まうしはべり》しは「この魚、己《おのれ》ら若かりし世までは、はかばかしき人の前に出づる事侍らざりき。頭は下《しも》部《べ》も食はず。切り捨て侍りしものなり」と申しき。かやうの物も、世の末になれば、上さままでも入たつわざにこそ侍れ。

兼好の時代においても上等の魚として鰹がもてはやされたことが読み取れる。しかし彼は「昔は身分のある人の前に出す魚ではなかった」という年寄の言葉を引用した上で、「世も末だ。こんな物が高位の方の食卓にまで入り込んでしまって」と嘆いている。京都の貴族的教養人であった兼好らしい記述である。鎌倉の鰹を「目には青葉」の句で称えた素堂は兼好のこの一文を意識していたに違いない。

*

最後に、鰹を「毒魚」と看做し、生食を忌避した時代もあったことを付記しておく。鰹のような光魚《ひかりもの》は足が早く、忽ち風味を変じ、容易に食中毒や瘡《かさ》を来たすとされた。次の歌や論述が見られる。

かつをには毒のあればぞ人もえふ殊に病者は食せぬがよき

（作者不明『和歌食物本草』正保三年（一六四六））

松魚《かつを》は絶てなし、偶《たまたま》出ることありても、十月より末にて、初松魚賞翫することは絶てなく、土地の人は、今も猶毒魚なりとて鮮肉は食ふものなき故なり

（久須美蘭林《くすみらんりん》著『浪花の風』安政三年（一八五六））

鰹はよく発達した筋肉を交互に収縮させて推力を起こし、尾で水を強く叩いて前進する。最高時速は五十キロメートルに達するとされる。このような非常に早いスピードで海中を動き回っているため、鰹

は釣り上げられた瞬間、その運動エネルギーで体内が熱され、その鮮度は一気に落ちてしまう。これは鮪も同じ。変性した蛋白を口にすると抵抗力の弱った人間の免疫機構が鋭く感知し、異物としての反応を来たすというわけだ。

平成二十七年四月五日、高知県本山町で「第二十二回右城暮石顕彰全国俳句大会」が開催された。その記念行事として、現代俳句協会特別顧問・宇多喜代子氏による「季語とたべごと」の講演が行われた。講演の中で、宇多氏は医師・岡崎桂一郎著『日本米食史』を紹介、「この本を繰らない日はない」と語るほどの高著である。岡崎は森鷗外の弟子でもあった。岡崎は鷗外に命じられ（陸軍脚気病調査会の委嘱を受け）、脚気の研究を行った。

宇多氏はこの本に記された、

魚島初物賞玩の風は未だ盛んに起らず。その初鰹、初鮎、初鮭を高価をも厭はず求むる風は享保以後のことなりき。

の部分を抽き、「岡崎もまた、こうした魚島《うおじま》や初物食いの風潮は享保（江戸時代中期）以後のことだと述べている」と解説された。

この「魚島」とは、産卵のために瀬戸内海に入り込んだ鯛が群れて水面に盛り上がり、小島のような様相を呈する状態である。「浮き鯛」ともいう。大阪で美味い鯛が食せられる陰暦三月から四月にかけての時期が「魚島時」だ。魬《はまち》、鰆《さわら》、鯖《さば》などにもこうした現象は起こる。しかし近年は、長堤や橋梁などで潮流が変わったせいか、魚島などめったに見ることはできないという。

蓴菜なこと言ふ魚島が立つと　　茨木　和生

関西弁で「じゅんさいなこと」は「いい加減なことを言う」の意。主宰自身がこの言葉を用いることはないが、少年の頃母親から「じゅんさいなことばかり言うてからに」と窘《たしな》められたと懐かしそうに話された。

余談であるが、糖尿病治療薬である結晶インスリンが普及する以前には鰹の膵臓にあるランゲルハンス島からインスリンを精製していた。しかし、その抽出は非常に手間がかかる上に魚類インスリンの人間に対する効果も低く、やがて他の方法へと置き換えられて行った。

かつを売いかなる人を酔《よは》すらむ　　芭　蕉

この句の「酔す」は鰹を生食して当たり、蕁麻疹・瘡などの皮膚症状、下痢・嘔吐などの胃腸障害を来たすことをいう。運輸の便も悪く、冷凍の技術もなかった時代である。殊に海のない地域では、初夏以降に鰹を生食するのは大きな冒険であった。京の都において鰹は「鰹節」の姿で流通したことは言うまでもない。

見る限り戻り鰹の潮色に　　茨木　和生

『俳句研究』（二〇一〇年〈夏の号〉）の特集「茨木和生の世界」で、筆者はこの句に対し、沖を見やりながら「今日はケンケン出てるんとちゃうか」と和生が呟くと、「おー、この潮色やでねぇ」と十鮑《じっぽう》が答える。そんなやりとりの中からこの句は生まれた。

と書いた。「十鮑」とは、新宮市三輪崎の鮑海士《あま》で俳人の故・田本十鮑氏である。

（「運河」二〇一六年五月号）

かもしかの糞——熊野の小さな世界

神武天皇を祭神とする「渡御前社《わたりごぜんしゃ》」は和歌山県新宮市神倉山《かみくらさん》の麓にひっそりと鎮座している。熊野速玉大社の末社で神武の頓宮跡とされる。新宮に風花の舞う日、筆者はこの斎庭の片隅に数個の獣糞を発見した。

かもしかの糞の両端尖りをり　智行

神武が東征の際に登った「天磐盾《あまのいわたて》」は神倉山であると比定されている通り、社の背後に聳える岩崖は急峻である。最近ここに日本羚羊が出没する。滑落して死んだ羚羊もいたという。よって両端を茶巾で絞ったような糞は羚羊のものに違いなかった。羚羊たちは神聖な庭に降り立って存分に脱糞してゆく。そんな背景を見抜いたかのように「こんなに清潔な糞が詠まれるのは希」と評されたのは正木ゆう子氏だった。

さて、「運河」の先輩に上島清子《うえしまきよこ》という俳人がいた。恰も、猟師が猟犬の健康状態を知るため糞を細かく分けて閲するごとく、野山に立った清子さんは貂や熊の糞を分解・分析し、吟行仲間に提示した。
薬剤師にして理科教師の資格を持つ彼女の明敏かつ貪欲な観察眼について、茨木和生主宰は「こんな句を詠めるのはあなたならではです」と弔辞で称えた。清子さんは平成二十五年に逝去。享年六十八。

産卵管裂けてをりたる兜虫　　清子
天金の黴の緑の光かな
芋虫の糞の大きな俵型
粘液を分泌したる菌かな

小さな対象に見入り、そこからある感興が伝わって来るまでじっくりと待つ。その発見と魅力を句に描き出すためには、清子さんのような精察の志や旺盛な探求心が必要だ。しかしそれだけではないだろう。小さな世界の中に仕掛けられた自然の秘密を知る喜び、そして恍惚のまなざしがそこになければならない。
例えば、「瑣末主義《トリビアリズム》」「草の芽俳句」と称された素十の世界に対し、虚子は「句に光がある。これは人としての光であろう」と述べ、青畝は「(小さなものの自然の中に)大きな自然のほほえみを感知している」と述べたように。

(「俳句」二〇一六年九月号)

あとがき

本書は平成二十六年に刊行した評論『熊野、魂の系譜――歌びとたちに描かれた熊野』に続く第二弾である。本書刊行の動機は以下に述べるが、「熊野をもっと深く論じたい、そして熊野をもっと知って欲しい」という純粋な思いである。構成はいくつかのテーマに分類し、本のタイトルは極明解に『熊野概論』とした。

平成五年に大阪から帰郷し、中上健次創設の「熊野大学俳句部」で茨木和生先生と出会った。しかし医院開業当初から日々の診療、往診、特別養護老人ホームの嘱託医、紀南医師理事としての職務、防災・救急・認知症関連の講演、研修会、夜間救急患者への対応、休日診療所の当番などで繁忙を極め、易々と熊野を離れることができなかった。

これにより、所属する俳誌「運河」の活動基盤である奈良・京都・大阪などにも足を運ぶ機会が得られず、まして茨木主宰の参加する吟行や句会に顔を出すことも儘ならぬ日々が続いた。この間、総合誌への寄稿、俳句賞への応募、「運河」への特別寄稿などは行なっていたが、結社に所属する俳人としては寂しい焦燥感の中にあった。

そんなある日、熊野を訪れた茨木主宰から「あなたの暮らしはここ熊野にあるのだから、迷うことなく熊野を詠めばよい。熊野の歴史と風土に根ざした俳句を作りなさい」という助言を頂いた。その言葉に一縷の光を得、「ならば、迷うことなく熊野を詠もう、そのためにはもっと熊野を勉強しなければならない」と思うようになった。

そしてここ五、六年、日常診療と月々の「運河」編集に追われる中、少しの時間の隙を見つけては熊野山中や海浜、点在する史跡に足を運んだ。新宮の「環境問題委員会」にも入会し、時々開催される熊野関連の講演会には出来るだけ参加した。そうこうしているうちに地元の郷土史家や小説家、文筆家、地質学者、政治家の方々、あるいは大学で教鞭を執る熊野研究の専門家、映画監督、俳優さんともご縁ができた。有難いことである。こうした諸々の状況の中で誕生したのが本書である。

参考文献は一部を除き、それぞれの文中に収め、初出は文末に記載した。若干の加筆・修正を加えている。二校の段階でさらなる内容の充実を目論んだが、それらを纏《まと》めきれなかった点については内心忸怩たるものがある。

さて願わくは、これから熊野を学び、あるいは旅しようとする人が本書に目を通してくれたり、旅の鞄に忍ばせてくれたりしたなら、僕にとってこれほど幸せなことはない。

本書の刊行に際し、「運河」主宰・茨木和生先生、装画を賜りました故藤岡祐二様の御令妹・谷口喜代様、書肆アルスの山口亜希子様、装幀の間村俊一様に大変お世話になりました。心より御礼申し上げます。

谷口智行

平成三十年　白南風の熊野灘を眺めつつ

参考文献

『お伊勢参りと熊野詣』（かまくら春秋社、二〇一三）
『国文学　解釈と鑑賞８６９　「熊野学」へのアプローチ』（至文堂、二〇〇三、十月号）
『おくまの　vol.6　海の熊野古道』（みえ熊野学研究会、二〇一五、六月号）
『マージナル　vol.3』（現代書館、一九八九）
『熊野学研究　第３号』（国際熊野学会、二〇一五、七月号）
『熊野学研究　第４号』（国際熊野学会、二〇一六、七月号）
『熊野学研究　第５号』（国際熊野学会、二〇一七、六月号）

他は文中に記載。

【ら行】

【わ行】

【な行】

【は行】

【た行】

【さ行】

【か行】

索　引

おもな事項、人名、作品名を50音順に配列した。

谷口　智行（たにぐち・ともゆき）

昭和33年　京都生まれ　2歳から和歌山県新宮市で育つ
　　　　　（両親はともに三重県南牟婁郡御浜町出身）
平成 5年　「熊野大学俳句部」入会
　　 7年　「運河」入会、茨木和生に師事
　　11年　「運河賞」受賞、運河同人
　　12年　第八回「深吉野賞」選者特別賞（宇多喜代子）
　　16年　第七回「朝日俳句新人賞」準賞
　　　　　三重文化賞奨励賞
　　24年　「運河」編集長
　　30年　「運河」副主宰、兼編集長

俳人協会会員　日本文藝家協会会員　大阪俳人クラブ会員
認知症サポート医　地域防災医療コーディネーター
地域包括ケア研究会「いこら」会長　医学博士

句集『藁嬶』（H16）、『媚薬』（H19）
エッセイ集『日の乱舞　物語の闇』（H22）
評論『熊野、魂の系譜――歌びとたちに描かれた熊野』（H26）
共著『女性俳句の世界　第五巻』（H20）、『俳コレ』（H23）

現住所　　三重県南牟婁郡御浜町阿田和6066
　　　　　〒519-5204　　tel・fax　05979（2）4391
　　　　　　　　　　　　E-mail k4yw8bbr@ztv.ne.jp

熊野概論《くまのがいろん》 ── 熊野《くまの》、魂《たましい》の系譜《けいふ》 Ⅱ

2018年8月30日　初版第1刷発行

著　者　谷口　智行

発行者　山口亜希子
発行所　株式会社書肆アルス
http://shoshi-ars.com/
〒165-0024　東京都中野区松が丘 1-27-5-301
電話 03-6659-8852　FAX03-6659-8853
印刷／製本　株式会社厚徳社

＊本書はコデックス装幀です。

ISBN978-4-907078-25-6　C0095

熊野、魂の系譜

歌びとたちに描かれた熊野

谷口智行

＊

隠国《こもりく》熊野は表現者の聖地、シャングリラである。
本書によってまた一歩、＜魂の地＞熊野が近くなった。

与謝野寛・晶子、伊東静雄、中上健次ほか、
熊野に縁ある歌びとたちの足跡を辿る。

A5 判・並製・筒函入・324 頁
定価 3000 円＋税
ISBN978-4-907078-05-8

書肆アルス